MANUAL PARA PAIS DE GAROTAS DESCOLADAS

NANCY RUE
& JIM RUE

MANUAL PARA PAIS DE GAROTAS DESCOLADAS

Traduzido por SUSANA KLASSEN

Copyright © 2011 por Nancy Rue
Publicado originalmente por Zondervan, Grand Rapids, Michigan, EUA.

Os textos das referências bíblicas foram extraídos da *Nova Versão Internacional* (NVI), da Biblica, Inc., salvo indicação específica.

Todos os direitos reservados e protegidos pela Lei nº 9.610, de 19/02/1998.

É expressamente proibida a reprodução total ou parcial deste livro, por quaisquer meios (eletrônicos, mecânicos, fotográficos, gravação e outros), sem prévia autorização, por escrito, da editora.

Dados Internacionais de Catalogação na Publicação (CIP)
(Câmara Brasileira do Livro, SP, Brasil)

Rue, Nancy
Manual para pais de garotas descoladas / Nancy Rue & Jim Rue; traduzido por Susana Klassen. — São Paulo: Mundo Cristão, 2013.

Título original: What Happened to My Little Girl?

1. Adolescentes — Vida religiosa 2. Filhas — Vida religiosa 3. Meninas — Vida religiosa 4. Pais e filhas I. Rue, Jim. II. Título.

13-03449 CDD-248.845

Índice para catálogo sistemático:
1. Pais e filhas : Educação cristã no lar : Cristianismo 248.845
Categoria: Educação

Publicado no Brasil com todos os direitos reservados por:
Editora Mundo Cristão
Rua Antônio Carlos Tacconi, 79, São Paulo, SP, Brasil, CEP 04810-020
Telefone: (11) 2127-4147
www.mundocristao.com.br
www.garotasdefe.com.br

1ª edição: junho de 2013

*Para todos os papais de minimulheres
e, é claro, para Marijean...
e para a pequena Maeryn.*

Sumário

1. Alguém pode me dizer o que está acontecendo?   9
2. O que aconteceu com minha garotinha?   35
3. Daqui a pouco ela desanda a chorar   55
4. Precisamos de mais um banheiro   77
5. Quem será que ela é hoje?   93
6. Como lidar com dramas femininos   115
7. Preferia quando os meninos eram cheios de piolhos   143

Epílogo: Um pai bom o bastante   163

Agradecimentos   167

Notas   169

Referências bibliográficas   173

1

Alguém pode me dizer o que está acontecendo?

O que foi isso?

Você chega do trabalho, exausto, mas na expectativa de que sua garotinha de 9 anos saia correndo do quarto para recebê-lo como sempre faz: de braços abertos, com um sorriso nos olhos brilhantes e um gritinho de alegria tão agudo que apenas cães conseguem ouvi-lo. Ou melhor, cães e papais.

Na cozinha, você liga o *notebook*, pega alguma coisa para beber e espera pelas boas-vindas. Quer você segure sua filha no colo e faça um barulho engraçado com a boca no pescoço dela, quer estenda a mão e diga "Toque aqui", quer pergunte: "E aí, garota, cadê sua mãe?", lá no fundo é bom demais saber que *alguém* fica feliz de vê-lo, mesmo que seu desodorante esteja vencido ou que você não tenha impressionado ninguém no trabalho nem assinado algum contrato milionário.

Hoje, porém, não há nem sinal de sua menina. A porta não se abre repentinamente. Nenhum som de pés arrastando chinelos

> **O que dizem as minimulheres**
>
> Às vezes meu pai fica todo do tipo: "Você está crescendo, filha" e até começa a chorar um pouco. Aí, tem outras vezes que ele me trata como se eu fosse uma bebezinha. Será que não dá pra ele se decidir?

pelo corredor. Por fim, o silêncio é quebrado por risinhos abafados vindos do quarto dela. Mas você logo percebe que não são dirigidos a você, mas a outras meninas risonhas que estão ali com ela. Aliás, parece que tem um batalhão inteiro lá dentro.

Perplexo, para não dizer ligeiramente irritado pelo fato de ninguém ter dado a mínima para sua chegada, você caminha até o quarto. Pode quase vê-la saltando do meio de um monte de bichos de pelúcia e dizendo: "Oi, pai! Não ouvi você entrar em casa!".

Mas a porta está fechada. O quadrinho florido, todo rosa e roxo, com o nome de sua filha — uma "lembrancinha" que a mãe dela encomendou numa loja chique — foi substituído por um cartaz de papel sulfite com palavras escritas à canetinha. Nele se lê:

Área exclusiva para meninas!
Proibida a entrada de garotos!

Com um sorriso, você gira a maçaneta e, abrindo apenas uma fresta, espia dentro do quarto.

Os risinhos morrem engasgados. Quatro rabos de cavalo batem em rostos que se viram rapidamente em sua direção. São rostos vagamente conhecidos, embora os lábios — cobertos por uma camada exagerada de uma substância rosa e cintilante — e as pálpebras — pintadas num tom de azul que você não vê desde que sua mãe parou de usá-lo no fim dos anos 1980 — pareçam pertencer a criaturas de outro mundo. Você só reconhece sua filha porque ela é quem abre a boca e diz:

— *Pai-ê!* Você não leu o cartaz?

— Li — você finalmente consegue dizer enquanto observa o amontoado de iPods, diários com capas de bolinhas e um objeto que até você reconhece como o antigo estojo de maquiagem de sua esposa. Onde foram parar as Barbies? Os jogos de chá com pequenas xícaras e bules de plástico? E as caixas de giz de cera com todas as cores do mundo?

— Se liga, pai! — sua filha diz, com as mãos em quadris que parecem ter surgido do nada. — Você é um *garoto*, né!

Você pensa em abrir um sorriso, quem sabe tecer um comentário esperto que produza outro ataque de risadinhas. Mas aí, ela faz algo totalmente inesperado, que você jamais imaginou ver, mesmo depois de testemunhar as piores cólicas de bebê ou as mais assustadoras crises de birra dos primeiros anos de vida dela.

Ela revira os olhos.

Até quase enxergar o próprio cérebro. Sua primeira reação é imaginar que ela está tendo uma convulsão, mas depois entende que se trata apenas do sinal universal para "Você é *totalmente* sem noção".

Quer sua reação seja bater em retirada, quer seja mandar todas as amigas de volta para casa a fim de que você possa colocar sua filha de castigo para o resto da infância, quer seja adverti-la de que, se ela revirar os olhos para você mais uma vez, vai se arrepender amargamente, toda a sua existência foi abalada. Nesse instante, você descobre que acabou aquela história de "Parem o mundo, pois o papai chegou!".

Pode ser que sua presença ainda tenha esse efeito amanhã. Ou mesmo mais tarde no mesmo dia, quando as outras meninas de lábios cheios de brilho forem embora e sua filha vier sentar-se no seu colo outra vez. Mas você nunca mais o tomará por certo, porque agora, papai, sua filha é uma pré-adolescente.

O que é uma pré-adolescente?

Os publicitários criaram o termo *tweens*[1] para se referir a crianças de 8 a 12 anos. Marqueteiros especializados no público jovem chamam essa faixa etária de "a poderosa máquina *tween* de consumo".[2] Para quase todos nós, porém, essas crianças não são consumidores em potencial, mas, sim, criaturinhas que perderam aquela doçura da primeira infância, mas ainda não perderam completamente a cabeça e, portanto, não entraram na adolescência. De fato, é uma fase intermediária, entre a infância inocente e a adolescência confusa; um momento da vida que, supostamente, deveria ser simples e razoavelmente tranquilo. Como seria bom se você tivesse tão poucas preocupações e dificuldades quanto essa turma!

Até a metade do século 20, não havia consenso nem mesmo entre os psicólogos a respeito dessa faixa etária. Era chamada, com frequência, de "período latente", e os pais poderiam suspirar aliviados por quatro anos, enquanto se preparavam para a adolescência, a respeito da qual eram repetidamente advertidos. Na fila de um parque de diversões, não era raro alguém ver você com sua filha de 8 anos e dizer: "Aproveite e divirta-se agora, pois quando ela entrar na adolescência a coisa vai ficar feia".

Contudo, nossa visão da pré-adolescência mudou, e não apenas porque os publicitários resolveram dar um nome para essa fase e tirar o máximo de proveito do seu poder de consumo, que chega a 43 milhões de dólares por ano[3] (um valor considerável para pessoas que nem podem dirigir até o *shopping*). Estamos começando a entender que: (a) um bocado de coisas importantes acontece nessa fase; e (b) como pais, precisamos nos envolver nesse processo, pois é o que a sociedade tem feito. Os mesmos marqueteiros que chamam esse grupo de *tweens* também levam em consideração que as crianças estão amadurecendo mais cedo. Campanhas de publicidade para todos os tipos de produtos, de tênis a alimentos, são baseadas na ideia de que, hoje em dia, uma criança de 10 anos tem a mentalidade que teria um adolescente de 15 anos em outros tempos.

E no meio disso tudo está você, o pai, olhando para sua filha de 8, 9, 10, 11 ou 12 anos e pensando: "Como assim? Ela ainda é uma garotinha!".

Tá bom. Tente dizer isso a ela quando as roupas nas vitrines parecerem trajes para piriguetes em miniatura, e quando as amigas dela levantarem as sobrancelhas e perguntarem "Você ainda brinca com *bonecas*? Nada a ver!". Diga-lhe que ela é apenas uma garotinha quando ela voltar para casa com uma mochila lotada de lição de casa para o dia seguinte; quando a professora de ginástica falar que ela precisa perder as gordurinhas da infância se quiser mesmo treinar para os Jogos Olímpicos; quando menstruar pela primeira vez aos 10 anos de idade e, ainda assim, estiver seis meses "atrasada" em relação às amigas.

O desenvolvimento da criança não mudou. Os atuais meninas e meninos de 8 a 12 anos possuem as mesmas necessidades básicas dos pré-adolescentes de outras épocas. O que mudou foi a sociedade — em alguns aspectos para melhor e, em outros, para pior.

Em termos positivos, agora temos consciência de que a pré-adolescência *não* é uma fase latente, nem um período de descanso antes de os hormônios da adolescência chegarem ao ápice. Aliás, sabemos que nessa fase ocorre mais desenvolvimento físico, emocional e mental que em qualquer outro período da vida das crianças, com exceção do primeiro ano de vida. Munidos dessa informação, podemos prestar mais atenção naquilo que está acontecendo com nossos filhos e orientar o processo de crescimento, em vez de apenas imaginar que é a calmaria antes da tempestade e que, aos 13 anos, o caos tomará conta.

Pais de meninas pré-adolescentes têm uma influência enorme sobre o que acontecerá nesse período. Enorme. A boa notícia é que você ainda tem prestígio suficiente com sua minimulher para ajudá-la a entrar na adolescência como uma garota forte, segura de si, autêntica e centrada em Deus. A má notícia é que, se você ficar de braços cruzados (e, convenhamos, é algo fácil de fazer sem que ninguém perceba), você também dará um rumo para a vida dela. Sua filha ingressará na adolescência insegura a respeito de sua identidade, suas virtudes e aptidões, e cheia de dúvidas a respeito de sua fé. Cara, um bocado de coisas depende de você.

Se você pegou este livro e o leu até aqui, é evidente que deseja exercer influência positiva como pai. Ou então foi sua esposa que ameaçou deixá-lo sem jantar para o resto da vida. É bem provável que você já seja um excelente pai para sua filha, talvez até melhor que imagina. Mas também é possível que a esteja educando da única maneira que você conhece...

O escritor cristão Terry Esau, que é pai de uma pré-adolescente, se empolga mais ao falar dela que ao comentar sobre seu último livro. Diz: "Como pai, sua tendência é adotar a mesma forma de educação que você recebeu. É como se houvesse um gancho preso a você, puxando-o para um lugar aonde você não quer ir".[4]

Isso não significa que não havia excelentes pais nas décadas de 1970 e 1980. Os instintos paternos ocupam o mesmo patamar que a intuição feminina e podem formar pais extraordinários. Foi o que sempre aconteceu. Tipicamente, porém, os avôs das pré-adolescentes (nossos pais) fazem parte do início da geração pós-guerra, nascida entre 1945 e 1955, uma geração focada em ganhar a vida e lidar com os problemas das conturbadas décadas depois da Segunda Guerra Mundial, dias marcados por tensões e mudanças nos valores morais. Em outras palavras, nossos pais tiveram de se reerguer numa sociedade onde tudo era diferente da época em que eles eram crianças. Talvez o estilo de educação de seu pai consistisse em deixar tudo ao encargo da mãe, ou talvez, no outro extremo, em exercer controle rígido sobre tudo. De qualquer modo, não era comum que o pai se envolvesse na vida dos filhos da mesma forma que a mãe.

Não obstante a maneira como isso o afetou em sua infância, é extremamente provável que também tenha influenciado a forma de você educar seus filhos. Pode ser que se pegue dizendo para eles coisas que jurou que jamais sairiam de sua boca, pois detestava quando seu pai as dizia:

"Porque eu mandei".

"Engula esse choro, antes que eu te dê motivo para chorar".

"Não me faça parar o carro e ter uma conversa séria com você".

Ou, dependendo da região em que você foi criado, talvez tenha ouvido frases do tipo: "Cuidado piá, senão vais tomar uma tunda". Você prometeu a si mesmo que jamais gritaria com *seus* filhos, nem os faria tremer nas bases ao ouvir a temida frase "Espere até seu pai chegar em casa", nem resmungaria alguma coisa enquanto lia o jornal e chamaria isso de "diálogo". Entretanto, cá está, se encolhendo de arrependimento ao perceber que fez tudo isso, ou dando de ombros e dizendo: "Não é de admirar que meu pai fosse daquele jeito. Os filhos deixam a gente maluco!".

Numa nova sociedade, temos a obrigação para com nossas filhas pré-adolescentes de formar nosso próprio estilo de educação, adequado ao processo de crescimento das meninas hoje em dia. Um processo que, aliás, é bem diferente daquele pelo qual nós passamos.

Eis o tema deste livro. Não é uma revelação detalhada de todos os erros que nossas mães e nossos pais cometeram. Pelo contrário, somos totalmente a favor de manter as coisas boas que fizeram de você um sujeito bacana, e jogar fora tudo que não funciona com sua filha, da mesma forma que não funcionou com você. Não é tarde demais para adotar essa abordagem. Nenhuma pré-adolescente vai dizer: "Ah, *agora* você está a fim de reservar tempo para mim? Pode esquecer. Já tenho minha própria vida!". Mas, se você esperar até ela entrar na adolescência, é possível que ouça algo do gênero, ou coisas piores.

Também não é nossa intenção fazê-lo se sentir culpado ou mudar de personalidade (como se isso fosse possível), nem lhe dizer, categoricamente, como ser um pai para sua filha. Este não é um livro com soluções prontas. É mais parecido com um guia de viagem. Vamos lhe contar o que sabemos a respeito do universo das meninas, no qual você descobriu que está inserido, e lhe dar sugestões para fazer mais que apenas sobreviver. Só porque você *não tem* outra opção válida senão mergulhar de cabeça nesse mundo, entendê-lo e guiar sua filha dentro dele, não significa que não pode se divertir ao longo do caminho. Esse é nosso objetivo.

Quem somos

Esta é uma boa hora para dizer quem somos "nós" e explicar o que nos faz pensar que podemos lhe dar conselhos.

Metade da dupla é Nancy Rue, *especialista* em meninas pré-adolescentes. (Detesto a palavra *expert*, pois é possível ser perito em vinhos, balística ou esportes, mas não em crianças. Muito menos em meninas.) Nancy trabalha há duas décadas com garotas de 8 a 12 anos e escreveu 108 livros (este é o 109º), a maioria para e sobre essa faixa etária. Ela dá cursos e palestras para pré-adolescente e mães, e trata de uma ampla gama de assuntos, desde depilação e *bullying* até crises de identidade. Seu livro mais recente é o *Manual para mães de garotas descoladas*, que oferece às mães aquilo que esperamos que este livro ofereça a você. A propósito, se a mãe de sua filha não tem esse livro, recomendamos fortemente que adquira um exemplar para que vocês dois possam estar em sintonia. Nancy dedica pelo menos

80% de seu tempo de trabalho mantendo *blogs*, trocando *e-mails*, conversando, escrevendo e curtindo a amizade com garotas pré-adolescentes. Ele é capaz de lhe informar mais coisas do que você gostaria de saber.

Embora Nancy tenha contribuído com parte considerável do texto e da pesquisa, a voz que narra isso tudo é minha: Jim Rue. Minhas credenciais se baseiam na experiência. Além de ter educado uma filha — hoje uma garota incrível de 31 anos —, trabalhei com a turma dos "risinhos e gritinhos" como conselheiro em acampamentos, diretor de cursos de teatro e música, coordenador de grupos de adolescentes, diretor de teatro infantil, conselheiro de grupos de jovens e coordenador de equipes em viagens missionárias. Durante a pré-adolescência e adolescência de nossa filha, eu era o "segundo pai" de todo mundo, e ainda sou conhecido como Papai Rue por gente que hoje tem seus próprios filhos. Meu sucesso nessas áreas não seria nada impressionante (e talvez não seja!) se não fosse pelo fato de ter me dedicado, antes disso, ao serviço militar. Servi no grupo de operações especiais da Marinha por 25 anos, na ativa e na reserva. Com uma bagagem dessas, ser pai de uma pré-adolescente foi um desafio e tanto.

Não temos a última palavra na educação de filhas, motivo pelo qual as páginas a seguir o encaminharão a outros especialistas e pais que já estiveram na situação em que você se encontra hoje. A nosso ver, informação e apoio nunca são demais. E o que é mais importante: falaremos do lugar central que Deus ocupa nisso tudo, o que não é fácil compreender quando sua filha de 10

> **O que dizem as minimulheres**
> Queria que meu pai soubesse que morro de vergonha quando ele faz alguma coisa que chama a atenção de todo mundo. No domingo passado, ele bocejou na igreja. Bem alto. Tive que pôr o boletim na frente do rosto para que ninguém visse como eu tinha ficado vermelha. Por que ele faz essas coisas?

anos acabou de lhe informar que você não entende *nada*, e quando não parece haver motivos para discordar dela. Trataremos dessas questões em mais detalhes adiante. Primeiro, porém, vejamos quem é a pré-adolescente e o que faz o mundo dela girar (e tirar *você* do sério).

O negócio é o seguinte

De acordo com o censo norte-americano, havia 20 milhões de pré-adolescentes nos Estados Unidos em 2009 (um número que deve chegar aos 23 milhões em 2020).[5] Podemos supor que metade seja do sexo feminino. *Não* podemos supor que todas sejam parecidas. Pensar que existem 10 milhões de pequenas personalidades diferentes embaralha as ideias de qualquer um, mas é verdade. Também acaba com a tendência de colocar todas essas meninas no mesmo saco. Existem, porém, características principais que você encontrará em qualquer garota de 8 a 12 anos, embora algumas se manifestem de modo diferente em cada pré-adolescente. É recomendável que você entenda essas características. Aliás, é um perigo ignorá-las.

Ela sabe tudo. Tudo. De fato, sua frase predileta é "Eu *sei*". Não está sendo metida quando diz isso (talvez esteja, caso pontue essa frase com um revirar de olhos). Está apenas descobrindo que tem mente própria e que, de fato, sabe um bocado de coisas. Pelo menos, bem mais que você imagina.

É ativa. Mesmo que não goste de vôlei ou ginástica, é provável que não consiga ficar parada por muito tempo. É capaz até de plantar bananeira enquanto lê. Se, por acaso, ela for do tipo "come-dorme" nessa fase, marque uma consulta com o médico. Sério.

É segura de si e assertiva. Há variações neste caso. Sua filha pode ser quieta, tímida e circunspecta, mas nada é necessariamente difícil para ela na pré-adolescência. Ela não tem problema em observar as coisas à distância até entender como funcionam, sem se preocupar se os outros vão considerá-la "sem noção". Se sua filha está no outro extremo — é extrovertida, tem opinião formada a respeito de tudo e faz amizade com todo mundo —, você já sabe que ela se sentirá tão à vontade para conversar com a rainha da Inglaterra como se sente para dizer de que maneira as coisas devem funcionar na casa de vocês.

Suas emoções estão à flor da pele. Também neste caso, há variações que vão desde a introvertida até a melodramática, mas os sentimentos estão presentes e, muitas vezes correm soltos, pois ela ainda não é capaz de entendê-los plenamente. Em regra, tudo é maravilhoso ou horrível, sem meios-termos. Talvez ela não expresse isso em voz alta, mas, se você observar bem (ou seja, se desviar os olhos de vez em quando da TV), verá que as emoções dela são como um ioiô.

Não tem certeza se é uma garotinha ou uma adolescente em miniatura. O que significa que seu nível de sofisticação em determinado dia (ou hora) é imprevisível. Afinal, no dia em que completa 13 anos ela não acorda e diz: "Tudo bem, hora de começar a agir como adolescente". Num minuto ela está chorando porque quer usar maquiagem e salto alto e, no minuto seguinte, está pondo sapatos e maquiagem na Barbie. Ela não larga o iPod por nada, mas, se você puser um filme da Disney para o irmãozinho mais novo dela, ela não desgruda os olhos da tela. Ela morre de vergonha se você aparece inesperadamente no território dela; ao mesmo tempo, você está frito se não for assistir aos seus jogos de basquete ou às apresentações de balé.

Precisa manter um equilíbrio delicado entre várias coisas. Está caminhando na corda bamba entre:

Família	e	Melhores amigas
Fazer parte da turma	e	Ter personalidade própria
O desejo de segurança	e	O desejo de tomar decisões
Os valores da família	e	A cultura de consumo

Oitenta e cinco por cento das 1.223 pré-adolescentes que responderam a uma pesquisa recente da *Youth Trends* afirmaram que a família é a parte mais importante de sua vida, e que a mãe e o pai estão entre seus BFFs.[6] (Você *sabe* que BFF quer dizer *Best Friends Forever*, ou seja, Melhores Amigos para Sempre, certo?) No entanto, de acordo como o mesmo estudo, a pré-adolescente passa, em média, 12,1 horas por semana assistindo à televisão e 7,3 navegando na internet. Some a isso a escola, as atividades diversas e as horas de sono e verá que sua filha passa menos tempo com você que em qualquer outra atividade. Certo pai realizou uma pesquisa autônoma e descobriu que, em média, o pai norte-americano gasta menos de dez minutos por dia com a filha.[7] Não é de admirar que nessa fase o equilíbrio seja tão precário.

Há consenso entre especialistas em pré-adolescentes acerca desses fatos. Os papais com os quais conversamos mencionaram outros. Você sabe que tem uma pré-adolescente em casa quando:

- Precisa de um guia para entender os vários significados de revirar os olhos.
- A diferença entre uma crise de choro e um ataque de riso é imperceptível.
- Descobre que é totalmente "sem noção".

Talvez você tenha irmãs com as quais conviveu na infância. Talvez tenha observado nelas algumas dessas características. Provavelmente não, uma vez que tinha seus próprios interesses (jogar como centroavante, explodir misturas em seu *kit* de química, colocar a mão na axila para fazer barulho de pum... Em resumo, as coisas importantes da vida). Se, por acaso, você percebeu o medo, a confusão e a ansiedade delas (ou caso se lembre de suas próprias dificuldades), multiplique-os por quinhentos, em razão do mundo muito diferente em que sua filha vive. Este é o universo dela:

Está mais conectada tecnologicamente — e talvez menos pessoalmente. De acordo com um estudo da organização Nielsen, a pré-adolescente (não a adolescente) norte-americana envia, em média, 1.146 mensagens de texto por mês. Isso corresponde a quatro mensagens por hora no período em que não estão na escola.[8] Sabe-se de meninas dessa idade que se sentam lado a lado no banco de trás do carro e trocam mensagens entre si. Não é piada. Se sua filha tem um *video game*, pode brincar de diversos jogos com uma amiga e ter um diálogo completo sem abrir a boca, embora as duas estejam no mesmo cômodo. É raro ver um grupo de pré-adolescentes pulando amarelinha na calçada ou andando de bicicleta no parque, com os cabelos ao vento. Nenhum pai que se preze deixaria a filha brincar desse jeito ao ar livre sem a supervisão de um adulto, certo? Afinal, é impossível ignorar as reportagens de sequestros e outros crimes assustadores.

Foi exposta a informações que você ignorava quando tinha 8 e 9 anos. Pode zapear os canais de televisão durante o horário nobre e ouvir gente falar (ou mesmo fazer) de tudo, desde masturbação até uso de cocaína. Se ela ouve estações não cristãs de rádio, estará exposta a linguagem vulgar e palavrões de toda espécie. Aliás, esse mesmo "vocabulário" é usado na hora do intervalo até mesmo em escolas cristãs. Ainda que você consiga protegê-la disso tudo, ela verá os *outdoors* na rua cada vez que sair de carro. Cartazes que mostram adultos seminus já são horríveis o suficiente, mas é provável que também veja anúncios que erotizam meninas da idade dela. Um pai conta que viu um *outdoor* que mostrava duas meninas de biquíni montadas num búfalo, e ficou perplexo com o que estava sendo vendido: joias.[9]

Os profissionais do marketing *têm desenvolvido produtos específicos para pré-adolescentes, dando-lhes a sensação de serem maduras e sofisticadas como as adolescentes (que também não estão necessariamente preparadas para isso)*. O pai de uma pré-adolescente descreveu esses produtos como uma forma garantida de transformar sua menina numa peruinha superficial. Estava se referindo a objetos como um cofrinho cor-de-rosa com as palavras "Para o implante de silicone", disponível num *site* que vende artigos de decoração para quartos de meninas. Há brilhos labiais com sabores para meninas de 9 anos (o que nos leva a perguntar por que precisam de batom, e ainda mais com um gosto agradável) cujas cores têm nomes como "Paixão Pink" e "Beijos & Abraços". Sem falar em jogos de *video game* como "Miss Bimbo" e outros do gênero, nos quais as meninas devem escolher entre *pedir dinheiro para o papai, fofocar, sair com um garoto, almoçar com as amigas* e *fazer compras*. O objetivo final do jogo é conquistar um namorado.

Essa tendência fica mais evidente na indústria do entretenimento. De acordo com Robert Beeson, fundador da gravadora Essential Records, o mercado pré-adolescente cresceu 38% em 2009 e foi o único segmento na indústria da música a apresentar expansão.[10] O império Disney colocou o *marketing* para pré-adolescentes num novo patamar. Agora, meninos e meninas de 8 a 12 anos são o principal alvo da indústria da música.

Qual é o efeito disso tudo? A pré-adolescente é levada a desprezar símbolos de sua imaturidade como bonecas, jogos que envolvam a imaginação, roupas apropriadas para sua idade, filmes com classificação "Livre". Acredita que precisa ser superdescolada, paqueradora, estilosa e extremamente preocupada com seu visual. Se essas expectativas já são altas para uma menina de 14 ou 15 anos, o que dirá para uma pré-adolescente que é ainda menos segura de si. Ela depende muito mais da opinião de outros sobre quem deve ser e como entender o mundo e encontrar seu lugar nele. É possível que tenha muito mais poder do que está preparada para usar.

Esqueça doçura e meiguice. A pré-adolescente é incentivada não apenas pela mídia e o universo publicitário, mas também por seus treinadores esportivos, irmãs adolescentes e, com frequência, até mesmo pelas mães a desenvolver seu "poder feminino". Não se trata da autonomia saudável que lhe permitirá tornar-se forte e autoconfiante, mas, sim, da ideia de que ela pode passar por cima de todo mundo (especialmente dos membros do sexo oposto). Ouve que precisa ir à luta para conquistar o que deseja quando ainda nem sabe exatamente *o que* quer. Conclui: "Posso ser maldosa à vontade. Ninguém me segura". É bem provável que sua filha tenha adotado essa atitude; se não é capaz de fazê-lo, talvez imagine que não seja normal. De qualquer modo, esse é um fardo pesado demais para uma menina de 10 anos.

Mas nem todas as notícias são ruins. O mundo de sua filha pré-adolescente melhorou em vários aspectos no novo milênio, e a geração dela também. Hoje, as pré-adolescentes como um todo se sentem mais à vontade com a diversidade. Para começar, são mais voltadas para a família que a Geração X (nascida entre 1961 e 1981). A economia atual promete torná-las menos materialistas e consumistas. "Ser esperta" e "proteger o meio ambiente" já fazem parte da lista de coisas que elas consideram "descoladas".[11]

A melhor notícia de todas vem do Girl Scouts Research Institute que, em dezembro de 2009, divulgou os resultados de seu recente estudo sobre crenças e valores éticos entre as pré-adolescentes de hoje e as mudanças ocorridas desde o primeiro estudo, realizado em 1989.[12] Abaixo, alguns pontos de destaque para tirá-lo da caverna onde você está a fim de se esconder (os resultados da pesquisa de 1989 aparecem entre parênteses):

- 62% das pré-adolescente disseram que não colariam numa prova (48%).
- 58% afirmaram que recusariam tomar bebida alcoólica oferecida numa festa (46%).
- 33% disseram que só terão sexo depois do casamento (24%).
- 79% afirmaram que prestarão serviço voluntário em sua comunidade (uma pergunta que nem foi feita em 1989).
- 79% disseram que expressariam uma opinião, mesmo sabendo que não seria bem aceita (72%).
- 26% afirmaram que se sentem pressionadas a serem aceitas pela turma (34%).

O estudo também revelou que, atualmente:

- 94% disseram que têm em sua vida um adulto que se preocupa com elas, e 92% afirmaram que esse é adulto é o pai ou a mãe.
- 62% afirmaram que seus pais são as primeiras pessoas a quem recorrem quando precisam de conselhos.

De acordo com esses dados, há mais coisas acontecendo a favor do que contra sua filha e você. Mas o quadro não permanecerá o mesmo indefinidamente. Sua menina enfrentará situações piores na adolescência. O tempo *não* é seu aliado e há muito que fazer.

Onde eu entro em cena?

A primeira coisa que precisamos deixar claro ao responder à pergunta "Onde eu entro em cena?" é que você *tem* um papel muito mais importante do que imagina na vida de sua pré-adolescente. Se tem filhos do sexo masculino, sabe como sua influência sobre eles é forte. Você é o exemplo deles. O tipo de homem que serão depende muito de você. É possível, contudo, que não esteja ciente de que exerce a mesma influência sobre o tipo de mulher que sua filha vai se tornar. Você não é o "estepe" que entra em ação quando a mãe está prestes a jogar essa filha no vaso sanitário e dar descarga. Também não é aquilo que certo pai chamou de "carteira ambulante",[13] cuja função se resume a prover para a família e liberar fundos quando sua menina joga todo o charme dela para cima de você porque quer alguma coisa. Os itens a seguir são *seu* papel e, não obstante o modo que você desempenhá-los, farão diferença para ela:

Enquanto sua filha está tentando descobrir a própria identidade, seu "jeito masculino de existir no mundo"[14] a interessa. Nessa idade, ela ainda não é tão limitada por aquilo que a sociedade diz que as meninas podem ou não fazer. Mais adiante, esse senso de limitação, imposto pelos outros, se tornará mais intenso. No momento, sua filha pode ser quem ela quiser e cabe a você mostrar para ela como é incrível ser forte, rápida, inteligente e decidida. Aquilo que você faz é interessante, enquanto as atividades típicas da mãe, como servir de motorista para os filhos, enfiá-los debaixo do chuveiro, preparar uma refeição às pressas e arrumar a mesa, muitas vezes são menos empolgantes. Mesmo que você ajude nas tarefas da casa, o faz de um modo masculino que é fascinante para ela. Esta pode ser a fase da vida de sua filha em que você terá mais facilidade de se relacionar com ela, enquanto ainda é "descolado".

Ela é vulnerável ao estresse em um mundo acelerado, barulhento e cheio de pressões, especialmente na escola e em outras atividades relacionadas a desempenho. Ela

---

O que dizem as minimulheres

Eu queria que meu pai passasse mais tempo comigo e me desse mais atenção. Ontem à noite, ele contou uma história pro meu irmão. Ficou, tipo, vinte minutos com ele e dois minutos comigo. Já me acostumei com essa injustiça. É meio difícil a gente ter um relacionamento BEM legal porque meu pai tem de ajudar meu irmão, que é só um pouco mais novo que eu, e agora está se tornando "homem" e precisa do meu pai. Não acho que meu pai tem tempo para cuidar de mim pessoalmente.

precisa de alguém que a apoie quando o mundo exigir demais, quando for injusto e até mesmo cruel. Esse alguém é o papai. Não se trata de machismo. A mãe também pode cumprir esse papel, mas ela trará consigo os valores femininos de cuidado, apego, relacionamento e acolhimento. É importante que você trabalhe junto com a mãe para desenvolver em sua filha confiança própria e capacidade de solucionar problemas, tomar decisões e estabelecer alvos, coisas que a mãe aprendeu com o pai *dela* ou com uma mulher cujas características femininas e masculinas eram bem equilibradas. O fato é que continuamos a lidar com uma sociedade que procura impedir as mulheres de serem autênticas. Sua filha precisa da mãe *e* do pai como modelos de coragem para se expressar de modo autêntico.

Sua filha geralmente assimila melhor a ideia de recato e de um modo apropriado de se vestir (ou seja, não usar roupas que despertem a imaginação) quando esses conceitos são apresentados por você, e não pela mãe. Vai entender... Isso depende, é claro, de sua abordagem, assunto do qual trataremos mais adiante. No mínimo, ela precisa perceber que o pai e a mãe concordam quanto a limites razoáveis na hora de escolher a roupa e que ela não vai ter de se vestir como uma freira. Se você não participar desse processo, o resultado pode ser mãe e filha disputando pelo poder. Só você tem credibilidade no que diz respeito a saber exatamente como os meninos vão reagir a uma garota que parece ter esquecido o resto da roupa em casa.

O que dizem as minimulheres

Nunca tenho a sensação de que meu pai me conhece de verdade ou me entende. Ele acha que minha mãe é responsável por educar minhas irmãs e eu e nos ajudar quando a gente tem problemas.

Cabe a você *mostrar como deve esperar ser tratada pelo sexo oposto*. A mãe dela pode falar sobre esse assunto até ficar com laringite, mas a prova de que ela está dizendo a verdade (à medida que a adolescência se aproxima, sua filha partirá cada vez *menos* do pressuposto de que os pais sempre dizem a verdade) está no modo como você trata sua esposa *e* sua filha. Discutiremos essa questão em detalhes no capítulo 7. Por ora, basta saber que sua atitude não passa despercebida de sua filha nem por um momento sequer. Tudo o que você faz é registrado na cabecinha dela, a despeito de qualquer atitude hostil que ela demonstre em relação a você. Quem define os paradigmas é você. Nem vamos tentar lhe dizer "não se sinta pressionado", pois a responsabilidade é sua.

Ser incluída em seu mundo a faz sentir-se valorizada. Como nossa filha nos disse depois de adulta: "Descobri logo que o amor da mamãe estava sempre presente, não importava o que eu fizesse. Papai também me amava de modo incondicional, mas eu sempre tinha vontade de impressioná-lo mais. Quando eu conseguia, o que me passava pela cabeça não era 'Claro que ele me ama', mas, sim, 'Caramba, eu sou importante!'". Sua filha talvez ainda não seja capaz de verbalizar isso, mas, se você *não* estiver compartilhando sua vida com ela de verdade, e isso não quer dizer apenas desgrudar os olhos da tela do *notebook* ocasionalmente para comentar: "Que legal, filha", com certeza esse fato já está exercendo impacto sobre a vida dela.

O que você encontrará aqui

Como dissemos anteriormente, educar uma filha é um desafio e tanto. Por isso não vamos apenas despejar um monte de conteúdo que você terá de se virar depois para colocar em ordem. Temos um plano.

Dividimos as questões mencionadas acima em seis áreas nas quais você exerce influência sobre a vida de sua filha, ou seja, o que é mais importante para ela neste momento.

O capítulo 2, "O que aconteceu com minha garotinha?", trata das *mudanças físicas* pelas quais sua filha está passando. É aquilo que o faz perguntar "Como assim?" quando sua esposa avisa que está levando sua bebezinha para comprar o primeiro sutiã. Pense nesse capítulo como tudo o que você gostaria de ter sabido sobre meninas quando tinha 12 anos. Falaremos dos aspectos biológicos e mostraremos como você pode ajudar sua filha a desenvolver uma imagem positiva do próprio corpo. Desse modo, quando ela for adulta, não ficará o tempo todo perguntando para o marido: "Essa roupa me faz parecer mais gorda?".

O capítulo 3, "Daqui a pouco ela desanda a chorar", trata da *questão do humor* que acompanha a atividade dos hormônios, que se encontram no estágio mais confuso para todas as partes envolvidas. Ajudaremos você a evitar um descarrilamento nos altos e baixos dessa montanha russa.

O capítulo 4, "Precisamos de mais um banheiro", fala do que esperar (caso essa questão ainda não tenha surgido) quando *o assunto é beleza*. Daremos algumas orientações para você definir o grau de envolvimento necessário de sua parte, não apenas para estabelecer limites, mas para se certificar de que sua filha sabe que ela possui uma beleza singular.

O capítulo 5, "Quem será que ela é hoje?", o instruirá sobre os desafios de sua filha na *busca por sua identidade autêntica* dentro de uma sociedade massificada. Nossa intenção é ajudá-lo a encaminhar sua filha nessa jornada. E também a manter a sanidade ao longo do processo.

O capítulo 6, "Como lidar com dramas femininos", trará esclarecimentos sobre *os encontros e desencontros dos relacionamentos*, as *MHMs (Meninas Horrivelmente Maldosas)* e o *cyberbullying*. Veremos quais são as diferenças entre meninos e meninas nessa área e o ajudaremos a decidir se, quando e como você deve interferir caso a situação se agrave.

O capítulo 7, "Preferia quando os meninos eram cheios de piolhos", fala do surgimento iminente dos *garotos* nesse cenário (caso esses pestinhas ainda não tenham entrado em cena...). Ofereceremos conselhos sobre como ajudar sua filha a entender de que maneira deve ser tratada pelos homens e quando ela pode esperar que isso aconteça. Também animamos você para ajudá-la a transitar pelo mundo dos Malas Sem Alça Ridículos, isto é, os garotos pré-adolescentes que são uma pedra no sapato dela.

Todos os capítulos são divididos nas seguintes seções, para você saber exatamente o que virá pela frente:

O que foi isso? abre cada capítulo com uma situação entre pai e filha. Por vezes, é uma combinação de situações reais; em outras ocasiões, é um relato extraído diretamente das experiências de Jim. De qualquer modo, é sempre autêntico. Esperamos que seja relevante para você.

O negócio é o seguinte apresentará o tema, seus conceitos básicos, algumas estatísticas e conclusões de especialistas que poderão lhe ser úteis. Não vamos matá-lo de tédio com longas explicações psicológicas. Vamos apenas mostrar fatos que esclarecerão alguns pontos e o ajudarão a entender o efeito que você pode causar nessa área específica.

Na real é uma forma rápida de avaliar a situação de sua filha em relação ao tema do capítulo e como você tem lidado com a questão até aqui. Em geral, as mulheres adoram completar testes em revistas; mas não é o tipo de coisa que você vai encontrar numa *Placar* ou *4Rodas*. Não se trata, portanto, de testes com múltiplas alternativas para determinar seu Q.P. (Quociente de Pai). E a ideia não é julgar seu desempenho. Em sua maior parte, são apenas listas que lhe darão a oportunidade de se localizar.

Aprendendo com o Mestre volta nossa atenção para Deus como Pai. Talvez você fique tão surpreso quanto nós ao descobrir que a Bíblia não diz muita coisa sobre como ser um bom pai, de modo que precisamos aprender por meio do relacionamento diário com aquele que é o Pai Supremo. Mesmo que você não seja o tipo de pai que vai à igreja, não pule esta parte. Garantimos que não haverá nenhuma imposição religiosa.

Onde eu entro em cena? é como uma programação de viagem. Apresentaremos opções para colocar todas essa informação em prática usando seu próprio estilo de educar os filhos, incluindo dicas de como manter o senso de humor e curtir sua filha e, ao mesmo tempo, manter um relacionamento apropriado de autoridade.

Você também encontrará algumas notas curtas que, esperamos, mexerão com você. Considere-as um "resumo da ópera". *O que dizem as minimulheres* traz depoimentos de garotas pré-adolescentes sobre seu pai, meninas com as quais Nancy trabalhou. Prepare-se para a verdade sem rodeios. Em *Cara, não diga uma coisa dessas*, o ajudaremos a não desdenhar de sua filha (e da mãe dela) e depois se sentir um babaca. Em *Senhor, preencha a lacuna*, você encontrará inspiração para pedir que Deus preencha a lacuna entre aquilo

> **O que dizem as minimulheres**
> Meu pai é um cara superlegal, e eu sei que ele me ama. Mas eu não converso com ele sobre meus sentimentos, porque ele vive gritando comigo.

que sua filha precisa e aquilo que você tem para oferecer, pois a verdade, meu amigo, é esta: por mais que você aprenda com este livro, não será capaz de fazer tudo sozinho.

Regras básicas

Uma vez que os homens não gostam quando outros ficam repetindo a mesma coisa várias vezes (o que, de acordo com Nancy, poderia ser evitado se déssemos algum sinal de que ouvimos da primeira vez... Mas isso é assunto para outro livro), vamos definir algumas regras básicas aplicáveis a todos os temas sobre os quais vamos conversar. Pense nelas como sua configuração padrão: mesmo no caso de se esquecer dos detalhes, elas o ajudarão a encontrar o caminho de volta e entender o que você está fazendo.

Gritar nunca funciona. Pelo menos não em longo prazo. Pode ser que faça todos sumirem da sala ou crie um silêncio constrangedor no carro, mas é a forma menos eficaz de comunicação. Pode crer. Sei por experiência própria. Devo dizer, porém, que houve ocasiões em que sentei com minha filha (em momentos nos quais ela estava testando os limites) e disse: "O que a gente está fazendo? O que está acontecendo?", que isso foi muito mais eficaz para encontrar uma solução. As veias de seu pescoço não precisam saltar para sua filha saber quem manda. É uma questão de se perguntar como *você* gosta que outros lhe dirijam a palavra e, então, falar com *sua filha* da mesma forma. Você receberá em troca uma dose equivalente de respeito. O mesmo se aplica a críticas, sarcasmo e sermões que durem mais de três minutos.

Responda às perguntas de sua filha. "Vá perguntar à sua mãe" não é uma resposta válida (a menos que se trate de um assunto do qual você, como homem, não faça a mínima ideia). "Você não tem idade para pensar nisso" também não é aceitável. Sua filha está vivendo um momento de curiosidade e confusão e quer respostas. Se não as obtiver de você, irá perguntar a outra pessoa, alguém mil vezes menos confiável. As melhores amigas. A criatura do sexo oposto que se senta ao lado dela na escola. A vizinha adolescente. A internet. Se você não tiver tempo para conversar com calma de imediato, marque um encontro com ela. Se não souber a resposta, diga que irá se informar e responder depois, e cumpra sua promessa. Se não tirar tempo para responder ou se a fizer se sentir ridícula por não saber algo, ela deixará de perguntar. Pelo menos para *você*. Mantenha seu papel de fonte confiável de informação.

Diga "não" apenas quando tiver um motivo. "Porque eu estou dizendo" não conta. Tudo bem, há ocasiões em que você terá de dizer: "Obedeça, e eu explico depois", desde que você o faça assim que tiver oportunidade. Ensine-a a perguntar "por quê?" de forma respeitosa. Não permita que ela o coloque na defensiva. Seja proativo: "Vou ter de lhe dizer não pelo seguinte motivo...". No caso de algumas filhas, é preciso estipular um limite de tempo para explicar a razão, a fim de que a discussão não se arraste até a menina entrar na faculdade. Ainda assim, se você deixar bem claro que sua resposta é final e que você está apenas sendo gentil ao apresentar o motivo, evitará brigas, justificativas ou argumentações. Houve ocasiões em que eu disse: "Não, Marijean. Tenho a sensação de que isso não vai dar certo", e creio que isso a ensinou a confiar em seus próprios instintos na hora de tomar uma decisão.

Se você ainda não estiver convencido de que esta é uma boa abordagem, pense em toda a rebeldia com a qual você terá de lidar mais tarde, quando ela for adolescente. Os adolescentes não se rebelam simplesmente porque é peculiar à sua faixa etária. E também não se rebelam contra as regras em si, pois sabem que precisam delas. Rebelam-se contra a pessoa que define regras sem razão, amor e respeito. Poupe a si mesmo e sua filha de um bocado de sofrimento e explique o que o levou a dizer não.

Passe tempo com ela. De verdade, e não apenas "Assista ao filme enquanto eu leio meus *e-mails*". Perguntamos às pré-adolescentes qual era uma coisa que elas gostariam que seus pais soubessem. Esta é apenas uma amostra daquilo que elas responderam:

> **O que dizem as minimulheres**
>
> Reparei que tem uma coisa em comum no que a gente postou aqui sobre nossos pais: a questão do tempo. Parece que a garota que tem um pai que dedica mais tempo a ela tem bons relacionamentos, e vice-versa.

- *Meu pai levanta cedo e volta pra casa meio tarde e, à noite, assiste à TV e olha os e-mails dele, tipo, dez trilhões de vezes. Tem dias que eu gostaria de poder só ficar de boa com ele, como se fosse meu amigo, mas ele não tem tempo...*
- *Queria que ele não precisasse trabalhar tanto. Eu sei que é para a família, mas queria que ele estivesse mais presente. De verdade...*
- *Queria que ele entendesse que eu QUERO passar tempo com ele. Será que não dá para me encaixar na agenda?*
- *Meu pai raramente tem tempo de brincar de alguma coisa ou CONVERSAR comigo. Se eu puxo assunto, ele responde "Agora não", porque tá trabalhando no computador, ou "Talvez depois", mas nunca rola. Eu fico chateada e triste...*
- *Meu pai passa mais ou menos uma hora olhando e-mails e procurando coisas no Mercado Livre. Queria que, de vez em quando, ele parasse e perguntasse se tá tudo bem comigo ou se eu quero conversar.*

Em relação a esse tempo de atenção total e sem distrações que elas querem, precisamos entender o seguinte: homens não conseguem fazer várias coisas ao mesmo tempo. Não é assim que funcionamos. Somos mais aquilo que o terapeuta Don Elium chama de pensadores unifocais.[15] Não há nada de errado com isso quando se está cortando uma árvore com uma motosserra ou pilotando um caça F-15. Mas é problemático quando você promete um bate-papo com sua filha no McDonald's e depois fica no telefone enquanto ela come os McNuggets. Sua filha entende com isso que o está atrapalhando, que é uma chateação, que não é alguém interessante. Ela se pergunta o que fez de errado e o que precisa mudar para conseguir sua atenção. O próximo elo nessa cadeia é a baixa autoestima.

Como devo passar tempo com ela? Você não precisa mais se sentar à uma mesa minúscula, os joelhos quase encostando nas orelhas, bebericar chá de mentirinha e conversar com o urso de pelúcia que também está participando da refeição. Sua filha está se tornando uma pessoa interessante. Então descubra o que ela curte e realize essas atividades com ela. Não estamos falando de pintar as unhas dos pés ou andar pelas lojas do *shopping* até ficar zonzo (a menos que faça seu estilo). Procure gostos em comum. Vocês dois curtem futebol, seja para jogar, seja para torcer pelo time? Que tal fazer *pizza* em casa para o resto da família? Plantar uma horta? Pescar? Andar de bicicleta? Jogar Imagem & Ação? Prestar serviço voluntário numa ONG? Pode ser até atividades simples, como levá-la para tomar sorvete depois da aula de dança. As meninas querem que o pai faça parte da vida delas.

Se ela demonstrar qualquer interesse em coisas que *você* faz, deixe-a participar de alguma forma. Quando eu estudava dramaturgia, Marijean adorava meus projetos para os cenários e passava horas no chão do meu escritório fazendo os seus próprios desenhos enquanto eu trabalhava na prancheta. Na época em que eu estava na Marinha, fazendo uma especialização em alpinismo, levei Marijean comigo para o treino e lhe ensinei os fundamentos. A mãe dela não se interessava em esquiar, embora morássemos a meia hora da estação de esqui do lago Tahoe, mas Marijean queria ir comigo e acabou demonstrando talento natural para esse esporte. Em resumo, sua pré-adolescente topará experimentar praticamente qualquer atividade se você a incentivar e participar com ela. A meu ver, é sua responsabilidade dar à sua filha a melhor educação possível, e uma parte considerável do aprendizado não acontece na escola. Quando eu mexia no carro, Marijean metia a cabeça debaixo do capô e queria saber como o motor funcionava; hoje ela sabe mais sobre carros que o marido. Quando eu preparava panquecas (receita secreta de família que divulgo mediante o pagamento de uma taxa), ela sempre estava por perto, e agora é excelente cozinheira. Deixar de abrir espaço na agenda para sua filha é um vacilo dos grandes. Ainda me arrependo das ocasiões em que poderia ter reservado tempo para ela, mas não o fiz. Sua filha se sente valorizada, competente e segura de si quando é incluída em seu mundo.

Se você está imaginando que vai precisar pedir as contas do trabalho para fazer isso, não entre em pânico. Sabemos que essas atividades todas não são diárias. Mas o que pode acontecer com frequência é jantar juntos — a família toda — em vez de passar pelo *drive-thru* de alguma lanchonete entre o jogo de basquete, a aula de dança e as atividades da igreja. Reserve quinze minutos para conversar na hora de sua filha ir para a cama. Peça para ela lhe fazer companhia quando você tiver de sair para comprar alguma coisa e deixe que ela escolha a estação de rádio no carro. Convide-a para bater papo enquanto você faz a barba. Revire os olhos *com* ela quando assistirem pela centésima vez a um comercial de televisão ridículo. Tenha um "lance" só de vocês. (O nosso lance era eu dizer: "Se cuida, Mar" quando eu a deixava na escola.)

Os pitis sempre significam alguma coisa. Em parte se devem aos hormônios, sobre os quais vamos conversar no capítulo 2, mas você não pode culpá-los por tudo, assim como não pode atribuir todos os olhares atravessados de sua esposa à TPM. Há inúmeros motivos que causam uma regressão aos ataques de birra da infância, mas pode ter certeza de uma coisa: se perder a confiança dela, se ela duvidar do seu apoio e concluir que não pode contar com você, vai continuar inventando novas formas de rebeldia até voltar a acreditar em você. Será que você vai tentar conversar com sua menina mesmo depois de ela ter colocado um cartaz escrito "Dá o fora" na porta do quarto? Vai continuar a amá-la se ela tirar 5 na prova de matemática? Ela ainda será sua princesa se lhe disser que você é "sem noção"? Não se trata de deixar que ela faça o que bem entender. A ideia é investigar o que está acontecendo, pois ela ainda não tem a maturidade necessária para dizer: "É o seguinte, pai: você não está gastando tempo suficiente comigo e quero corrigir essa situação". Pensando bem, quem tem maturidade para isso?

O que dizem as minimulheres

Queria que me pai ouvisse o que eu tenho pra dizer. Ele acha que já sabe...

Mostre-lhe quem Deus é ao viver pela fé. Viver não é o mesmo que trabalhar. É fácil deixar que o trabalho da igreja ou o ministério se torne mais importante que sua família. Um conselheiro cristão de renome comentou conosco que muitos pastores ordenados e "celebridades" cristãs procuram ajuda para educar os filhos depois de adotarem a postura de que, como estão fazendo a obra de Deus, Deus suprirá as necessidades dos filhos deles. O fato é que a percepção que sua filha tem sobre Deus vem, em parte, do tipo de pai que *você* é. Pergunte a qualquer mulher que tem dificuldade de entender Deus como Pai por que esse conceito é complicado para ela. Deixe sua filha ver como é a fé em ação. Mesmo quando não tiver todas as respostas (note que disse "quando", e não "se"), mostre que as está buscando em Deus.

Ouça. Dizer "aham" enquanto olha as mensagens no seu celular não serve. Olhar diretamente em seus olhos brilhantes e prestar atenção enquanto ela fala (e fala, e fala), isso, sim, é ouvir. Marijean voltava para casa cheia de informações equivocadas que havia recebido de amigas. "Pai, você sabia que blá-blá-blá", e eu a interrompia, dizendo: "Não, eu não sabia, porque isso é ridículo". Da próxima vez que eu lhe passava um sermão, o olhar dela se perdia em algum ponto distante, e eu tinha a impressão de que estava olhando para um espelho. Ouça o que ela tem a dizer e, pelo amor de qualquer coisa, não faça cara de tédio. Noventa por cento daquilo que ela dirá provavelmente será informação descartável. Mas é preciso estar atento para os outros 10%. Aquela parte da conversa em que ela diz: "A irmã da Ashley falou pra ela que hoje em dia todo mundo transa antes de casar. Você acha que é verdade?". As opiniões dela mudam diariamente, portanto não parta do pressuposto de que já ouviu a mesma conversa ontem e, portanto, não precisa mais prestar atenção. Se você a ignorar agora, mais tarde ela não irá pedir seu conselho a respeito de questões como: "O que você acha de eu me casar? Ir para a África? Me alistar no Exército?".

Escolha suas batalhas. Só porque, no momento, tudo tem proporções gigantescas para ela, não significa que precisa ter para você também. Escolha o que é importante e deixe o resto se resolver sozinho. É sério. Será que o estado do quarto dela vai determinar se ela conseguirá entrar numa universidade conceituada? O acesso de riso que acontece na igreja significa, de fato, que ela não tem reverência por Deus? Você espera mesmo que ela *não* grite com o irmão mais novo quando descobre que ele jogou o diário dela no vaso sanitário e deu descarga? Tratar você e a mãe dela com respeito; ser gentil com os irmãos (na maior parte do tempo); ajudar, dentro do possível, nos trabalhos domésticos são coisas nas quais vale a pena insistir.

Diga que a ama. Você pode demonstrar amor quanto quiser, mas ela precisa que as ações sejam acompanhadas de palavras. E precisa *ouvi-las* de você. Isso

---

O que dizem as minimulheres

Quero conseguir me identificar com meu pai em algumas coisas, ter privacidade, poder conversar com ele sobre as coisas que eu quero. Tipo, ter minha própria vida, mas ele continuar a ter autoridade.

inclui incentivo e elogios sinceros (ela perceberá quando sua aprovação for apenas da boca para fora e o recompensará com o infame revirar de olhos). Fazer uma análise crítica de cada movimento dela na partida de handebol enquanto voltam para casa não a ajudará a jogar melhor. E, uma vez que estamos tratando de expressão verbal, cerifique-se de informá-la pessoalmente de suas expectativas, claras e razoáveis, e de como poderão ser satisfeitas.

Uma última regra básica, talvez a mais difícil de seguir:

Faça todo esforço possível para não superprotegê-la. Superproteção é um termo subjetivo, mas podemos defini-lo como:

- Resguardar sua filha inteiramente do mundo lá fora.
- Tirá-la de todo e qualquer apuro.
- Tomar todas as decisões por ela para evitar que fracasse ou se magoe.
- Resolver os problemas dela à sua maneira ou sempre lhe dizer como resolvê-los.
- Ficar no pé dela e verificar seu progresso constantemente.
- Julgá-la e criticá-la com frequência até ela acertar.

O impulso de superproteger sua filha é complicado porque nasce de seu amor profundo por ela e, no entanto, pode causar estragos igualmente profundos. Claro que você precisa protegê-la dos perigos reais, defendê-la quando for atacada e tirá-la de situações que podem se tornar prejudiciais. Só deve cuidar para não considerar perigoso ou nocivo tudo que não seja explicitamente cristão, tudo o que tem a ver com meninos, ou todas as situações em que há a possibilidade de ela cometer um erro e ter de lidar com as consequências. Se adotar essa postura, a privará da oportunidade de aprender a tomar decisões e a medir as consequências por sua própria conta antes de agir.

Nessa fase, ela enfrentará várias situações nas quais, se fizer a escolha errada, o resultado lhe causará algum sofrimento, mas não a

> ### O que dizem as minimulheres
>
> Detesto quando meu pai me trata como seu eu fosse uma bebezinha. Ele nem me matriculou num colégio não cristão, porque pensa que vão me ensinar a não crer em Deus e vão me dizer que as pessoas vieram dos macacos e coisas do gênero. Acho que ele precisa confiar que eu vou ser fiel a Deus.

colocará em perigo nem terá impacto permanente sobre sua vida. Quando ela for adolescente, isso mudará de figura. Ela será confrontada com escolhas que poderão colocar em risco sua vida ou seu futuro. Ela deve pegar carona com o amigo ou a amiga que acabou de encher a cara? Deve experimentar só um pouquinho de bebida alcoólica para saber que gosto tem? Deve ir só um pouco mais longe com o garoto que diz que a ama? Deve se aventurar por uma região suspeita da cidade para tentar ajudar uma amiga que usa drogas? Você não estará por perto para decidir por ela. Mas está por perto agora para ensiná-la como decidir e permitir que ela adquira experiência. Isso não vai acontecer se você a livrar de todos os apuros ou a trancafiar dentro de casa.

Não estamos falando das coisas óbvias. Claro que você não quer que ela assista a filmes proibidos para menores de 18 anos ou ouça músicas que falam de sexo e violência. Você fica atento para as casas aonde ela vai brincar e nunca a deixa sozinha em lugares públicos. Mas, em se tratando de tomar decisões e resolver problemas, o excesso de proteção pode ser sufocante. Oferecemos algumas sugestões para aqueles que têm a tendência de ir nessa direção.

1. Descubra por que certas coisas o fazem preocupar-se tanto com ela. Você tem medo da imagem que ela está projetando? Tem medo que algum sujeito do sexto ano se aproveite dela? Que as pessoas pensem que você não é um bom pai caso ela cometa erros? Procure resolver essas questões internamente, pois, enquanto você tiver medo, tentará controlar todos os movimentos dela.

2. Forneça-lhe algumas diretrizes e recursos para tomar decisões e resolver problemas — coisas que você sabe por experiência própria. Se estiver preocupado com algo específico, trate diretamente dessa questão. Por exemplo, se sua preocupação tem a ver com a erotização da cultura e, por isso, você não quer que sua filha sequer *pense* em meninos nem assista à televisão, então leia revistas e assista a filmes com ela, e conversem sobre situações que vocês veem acontecer no quotidiano. Encarem esses desafios juntos.

3. Permita que ela faça escolhas que não terão resultados drásticos caso cometa um erro. Defina os limites dentro dos quais ela poderá explorar e fazer experiências. Mostre para ela quais são as opções, ressalte os prós e os contras, mas não lhe diga o que fazer.

4. Dê-lhe o voto de confiança de que ela é capaz de descobrir como solucionar problemas. Você pode oferecer sugestões, mas, nas palavras de Paul Plant (conselheiro de famílias em conflito), "Lembre-se de quem é o problema".[16]

5. Seja o porto seguro dela, pronto a consolá-la caso volte para casa chorando. Não a critique, e resista firmemente ao impulso de dizer: "Eu avisei".

6. Mostre com quem ela pode contar ao longo do processo de encontrar seu rumo no mundo, a saber: Deus, ela mesma, você e a mãe dela.

7. Permita que a dor seja um instrumento de aprendizado. Não há nada de errado em ela sofrer decepções, desde que você a ajude a ver o que ela aprendeu com isso.

8. Se ela tiver a tendência a ser irresponsável e não lhe parecer apropriado deixar que ela tome decisões sozinha, avalie com que frequência você assume a responsabilidade por ela. Será que você gerencia cada detalhe da vida dela? Fica por perto enquanto ela faz a lição de casa para se certificar de que a completará? Parece um oficial da Gestapo, monitorando as tarefas domésticas que ela precisa realizar? Deixa de cumprir o que prometeu quando avisa que haverá consequências se ela falhar com suas responsabilidades?

9. Transfira o problema de volta para ela. Pergunte de que maneira ela pode estruturar seu tempo e lembrar-se de realizar suas tarefas. Suspenda privilégios quando ela não fizer aquilo que precisa. E recompense-a quando for além do essencial. Ela o testará (provavelmente mais de uma vez), portanto é fundamental que você seja coerente.

10. Joe Kelly, autor e blogueiro que cria sozinho suas duas filhas, recomenda: não finja que é capaz de resolver toda e qualquer situação nem que sabe de tudo, como sua filha imaginava quando ainda era sua doce garotinha. Para começar, ela está ciente de que você não é capaz de resolver tudo e de que não sabe tudo. Se você continuar a lhe dizer que tem todas as respostas, mais cedo ou mais tarde ela ficará desiludida, pois é impossível você viver à altura daquilo que ainda afirma ser.

11. Converse com ela sobre as áreas em que, com certeza, você pode protegê-la e tirá-la de apuros. Como Joe Kelly diz: "Mostre para ela que seu amor é mais importante que suas habilidades como "Senhor Sabe-Tudo".[17]

• • •

Não há dúvida de que essas situações o farão tremer nas bases. Mas sua filha adquirirá a autoconfiança que você deseja, e você a protegerá de fazer burradas graves quando coisas mais sérias estiverem em jogo.

A ideia é que sua filha chegue a um ponto que, quando ela tiver seus 16 anos, dirá mais ou menos o seguinte a seu respeito:

Meu pai é o máximo, e nosso relacionamento deixou de ser aquele lance de filhinha e papai para se transformar numa excelente amizade. Em minha opinião, uma coisa que ajudou foi o fato de sermos abertos um com o outro sobre coisas como crescer e passarmos tempo juntos, tanto quanto fazíamos quando eu era pequena.

Nosso objetivo não é transformar você no pai perfeito. Esse cara não existe. E você cometerá pequenos erros, inevitavelmente. Só vamos ajudá-lo a acertar nas coisas grandes.

Como diz Terry Esau, amigo nosso e pai de uma pré-adolescente, "aguente as pontas". A cada dia, o percurso fica mais esburacado e os buracos ficam maiores. Você saiu dos brinquedos do *playground* e foi para o alto da montanha-russa mais assustadora do parque de diversões. "Sua garotinha de 1 ano aprende a dizer 'Xiii'. Quando ela tiver 18 anos, pode ser que você acabe dizendo 'Xiii'".[18] Sabemos que você prefere dizer: "Você está se tornando uma garota incrível".

Faremos todo o possível para ajudá-lo a alcançar esse objetivo.

2

O que aconteceu com minha garotinha?

O que foi isso?

Você afunda na "poltrona do papai" e faz uma pausa para curtir o silêncio de uma tarde de sábado. Cumpriu todas as tarefas na lista que sua esposa lhe passou e buscou os filhos nos respectivos treinos esportivos. Sua esposa saiu para fazer compras, e seus meninos estão ocupados em outra parte da casa. Essa fase da pré-adolescência é ótima! Você não precisa mais vigiá-los o tempo todo para evitar que joguem sua carteira no triturador de lixo ou bebam desinfetante. Legal.

> **O que dizem as minimulheres**
>
> Parece que meu pai não gosta que eu esteja crescendo. Ele diz coisas do tipo: "O que aconteceu com a minha garotinha fofa?".

Quando você está prestes a pegar o controle remoto para ver o que tem de bom no canal de esportes, um grito agudo e excruciante corta o ar. Das duas, uma: ou um coiote está à solta na cozinha, ou alguém foi esfaqueado. Você começa a saltar da poltrona, mas não há necessidade, pois sua filha pré-adolescente está parada bem na sua frente, as bochechas vermelhas e os olhos esbugalhados, como se estivesse sofrendo de um problema grave e súbito de tireoide. Mais proeminente ainda é o objeto que ela sacode diante de seu rosto enquanto continua a gritar:

— Ele pôs no congelador, pai! No *congelador*!

— Pôs o quê? — você pergunta, enquanto algo branco e duro continua a balançar em sua direção.

Daí para a frente, a conversa descamba.

— Meu sutiã!

— Seu *sutiã*?

— É!

— Desde quando você usa sutiã?

— Paiê! Ele pôs no congelador e agora não dá pra eu usar!

— Ele quem?

Claro que você sabe quem é "ele", mas ainda está tentando entender por que sua menina precisa de sutiã. Como uma cobra esguichando veneno, ela cospe o nome do irmão.

— Tem certeza que foi ele? — você pergunta.

— Ele é o único cheio de maldade nesta casa!

Até agora, ela não disse uma única frase que não terminasse com um ponto de exclamação. Hora de tomar uma providência.

— Cadê sua mãe? — você diz.

Os olhos esbugalhados se reviram.

— *Você* me falou que ela foi fazer compras!

— Então, quando ela voltar...

— Por que *você* não faz alguma coisa?

— Quer que eu mate seu irmão?

— Sim.

Essa ideia parece acalmá-la um pouco, mas ainda há a questão da peça de *lingerie* branca e dura feito uma tábua. Sua filha para de balançá-la e a estende em sua direção para você inspecioná-la de perto. Parece mais um Band-Aid com um lacinho, bem diferente de qualquer sutiã que você tenha visto e, *com certeza*, você nunca deparou com um que tivesse cristais de gelo grudados nos colchetes. Você sente seus lábios tremerem.

— Não tem graça, pai!

— Não...

— Então por que você tá rindo?

> **O que dizem as minimulheres**
>
> Como adolescente, gostaria que meu pai tivesse sido capaz de entender as mudanças físicas e emocionais que tive na pré-adolescência — e ainda tenho. Minha mãe é ótima com essas coisas, mas é duro deixar o pai de fora e ficar sem jeito por causa disso.

— Filha, eu não tô rindo — você diz. Ou melhor, gorgoleja.

— Tá sim! Você não entende! — ela dá meia-volta, ainda segurando a *lingerie* congelada, e sai em direção ao quarto, pisando duro. Por sobre o ombro, ela dá a última palavra — Odeio todos os meninos!

Não há dúvidas de que isso inclui você.

O negócio é o seguinte

É evidente que você já se relacionou com uma mulher, pois... hum... do contrário você não seria pai. Já ouviu falar de menstruação, sutiãs, TPM e depilação de pernas e axilas. Mas é possível que nunca tenha lhe ocorrido que essas coisas todas aconteceriam com sua garotinha uma vez que os hormônios entrassem em ação. Talvez a ideia tenha passado por sua cabeça de um modo muito vago, do tipo "a mãe dela se encarregará de tudo". Homens que educam sozinhos as filhas são a exceção; a maioria das pré-adolescentes aprende com a mãe sobre menstruação, desenvolvimento dos seios e todas as outras manifestações da puberdade, de modo que os pais não esquentam muito a cabeça.

Isso não significa, porém, que você não tenha a responsabilidade de saber o que acontece com o corpo de sua filha. Como dissemos, ela passa por mais mudanças entre os 8 e 12 anos que em qualquer outra fase, exceto no primeiro ano de vida. Se você está confuso com as transformações visíveis (pequenos seios começando a despontar, pernas mais peludas, espinhas na testa), pense em quão desnorteada ela deve estar se sentindo com isso tudo *e* com as coisas que você não vê. Portanto, é evidente que, em meio às dúvidas angustiantes a respeito do que está acontecendo com ela, sua filha precisa de toneladas de apoio. O que significa que você precisa obter as informações necessárias para se sentir à vontade e estar acessível caso o irmão dela coloque a *lingerie* dela tamanho PP no congelador ou você precise sair correndo para buscar produtos de higiene femininos.

A seguir, um resumo do que você pode esperar da pré-adolescência de sua filha.

Hoje em dia, a puberdade começa a qualquer momento entre os 9 e os 13 anos. Provavelmente antes do que você imaginava. É marcada pelo surgimento dos botões dos seios, mais pelos nas pernas (e axilas), cintura mais grossa e quadris mais largos. É possível que você observe um estirão de crescimento até mesmo no rosto de sua filha e, com certeza, nos pés. Não se surpreenda se precisar comprar sapatos novos para ela a cada dois ou três meses.

Muitas vezes, esse crescimento parece acontecer, literalmente, da noite para o dia. Num dia ela ainda consegue se aninhar toda no seu colo, no dia seguinte, as pernas dela ficam "sobrando" nos dois lados.

Por causa do crescimento repentino, pode acontecer de ela entrar numa fase desastrada enquanto o cérebro tenta descobrir o que fazer com esses centímetros a mais de comprimento. Isso explica alguns dos tropeços e tombos frequentes. Pode ser que, por algum tempo, suas aptidões atléticas se tornem instáveis. E pode até acontecer de ela não ter mais condições de participar de uma atividade pela qual era apaixonada. Ginástica olímpica e balé são dois casos óbvios. Em contrapartida, é possível que, de repente, ela demonstre um talento natural para jogar basquete ou vôlei.

Embora ela esteja adquirindo cada vez mais características de mulher (ou de um fac-símile de mulher), é possível que, em algumas ocasiões, ainda aja como se fosse uma criança pequena. Caso ela fique assustada com a desconhecida que vê quando olha para o próprio corpo, ou sofra pressão das colegas para ser mais madura (sendo que ela ainda gosta de bichinhos de pelúcia), ou se percebe que está começando a se separar de você e da mamãe, é natural que tenha alguns problemas de sono, talvez um pouco de ansiedade de separação e muitas lágrimas inexplicáveis. Falaremos mais sobre esse assunto no capítulo seguinte, mas tenha em mente que os hormônios, que estão causando o maior tumulto (ou causarão em breve), afetam as emoções tanto quanto o corpo.

• • •

Como se não bastassem as mudanças da pré-adolescência, sua filha também está exposta ao conceito geral da sociedade a respeito do corpo da mulher. Ela vê propagandas, impressas e na televisão, nas quais toda mulher desejável é magra feito um palito, loira e dotada de busto tamanho GG, características obviamente essenciais para vender motocicletas, iogurte e analgésicos. Filmes e programas de televisão, inclusive animações, mostram mulheres de cintura de vespa empunhando armas ou a direção de uma grande empresa e, ao mesmo tempo, usando decotes reveladores quase maiores que o Grand Canyon. Há pressão de todos os lados para que as mulheres sejam sensuais e fisicamente perfeitas, e para que se abstenham da nutrição básica a fim de manter essa forma. Em última análise, apenas cerca de 2% da população feminina tem essa aparência e até mesmo essa recebe grande ajuda do Photoshop.

O que dizem as minimulheres

Disse pra minha mãe que meus *jeans* estavam muito justos. Meu pai falou que talvez eu não devesse comer tanto. Depois, quando eu estava chorando, minha mãe me disse que isso é normal, que estou em fase de crescimento, mas tenho certeza de que meu pai me acha gorda. Vai ver sou mesmo.

Tudo isso chega até sua impressionável filha de 10 anos, para quem um sutiã não faz parte do futuro próximo, ou que está se sentindo uma vaca leiteira porque está adquirindo formas arredondadas antes de crescer em altura. Não ajuda em nada o fato de os meninos da idade dela também estarem na desajeitada fase da puberdade e, portanto, falarem tudo o que lhes vem à cabeça para disfarçar seu próprio constrangimento quando percebem seios, cintura e quadris se formando nas meninas. E também para disfarçar o fato de que isso os interessa.

Cada uma dessas coisas afeta a atitude de sua filha em relação ao próprio corpo e à alimentação. Cada uma dessas coisas e *você*. Mesmo que nunca comente com sua pré-adolescente sobre o peso, a altura ou a forma do corpo dela, seu silêncio já é uma declaração. ("Vai ver não tenho nada de bom para ele notar".) Aquilo que você diz pode fazer a diferença entre uma imagem corporal saudável e uma batalha para o resto da vida na tentativa de se parecer com as modelos emaciadas que a mídia desfila diante dela. Você quer mesmo vê-la numa guerra que jamais poderá vencer e, aliás, na qual nem precisa lutar?

> ### O que dizem as minimulheres
> Meu pai comenta sobre como a menininha dele está crescendo, mas fala de um jeito bem carinhoso. Acho que ele está orgulhoso de eu estar crescendo.

Seus gestos falam mais alto que suas palavras. Abaixo, algumas coisas que talvez nem tenham lhe passado pela cabeça:

- Se e como você respeita a privacidade dela.
- De que maneira você reage ao modo degradante como o corpo das mulheres é apresentado pela mídia.
- Como você trata das gozações que os irmãos fazem dela.
- Como você trata sua esposa fisicamente.
- Seu próprio condicionamento e forma física.

Você pensa que ela não está prestando atenção nisso tudo?

Essa questão do corpo é extremamente importante para as mulheres. (Como se você ainda não tivesse percebido...) Mas é difícil para nós, homens, nos lembrarmos da diferença enorme que há entre meninos e meninas no tocante à sua identidade física. Enquanto para os meninos é importante *agir* de determinada maneira, para as meninas é muito mais importante *ter* determinado visual. Pergunte a qualquer sujeito que está uns 10 quilos acima do peso ideal como ele se sente a respeito de si mesmo, e é provável que ele diga: "Tô tranquilo". Pergunte a qualquer mulher que talvez esteja com uns 5 quilos a mais e ela dirá: "Se conseguisse perder 10 quilos, ficaria satisfeita". Estamos falando de modo puramente hipotético. Não aconselho que faça uma pergunta dessa a uma mulher.

Na real

Quer saber como você lida com essa área? Então marque as declarações que NÃO se aplicam a você.[1]

- Resisto ao impulso de comentar sobre o peso de mulheres.
- Quando meus amigos e colegas de trabalho desrespeitam mulheres, chamo a atenção deles.
- Tenho consciência de meus preconceitos em relação a pessoas que estão acima do peso e tenho procurado resolvê-los.
- Digo à minha filha o que valorizo *em seu interior*: seu caráter, sua personalidade, suas aptidões.
- Converso com minha filha sobre a imagem feminina absurda que vemos na televisão, em filmes ou em *outdoors*.
- Recuso-me a ter qualquer coisa que trate as mulheres como se fossem objetos, tais quais revistas esportivas e automotivas que usam modelos para chamar a atenção.
- Defino limites para o tempo que minha filha gasta assistindo à televisão sozinha e para os *sites* que ela visita na internet.
- Ensino meus meninos a terem sensibilidade e respeito pelas mulheres, inclusive pela mãe deles.
- (Para papais que educam sozinhos as filhas.) Cuido para que ela tenha em sua vida mulheres que sejam bom exemplo.
- Faço atividades físicas recreativas com minha filha.
- Não acho legal mulheres magras demais.

O que dizem as minimulheres

Queria que meu pai entendesse que preciso de mais privacidade. Eu divido o quarto com meu irmão e, às vezes, meu pai entra de repente, sem bater. Mesmo que a porta esteja fechada. Às vezes parece que só tenho privacidade no banheiro.

Procure dedicar atenção especial às partes deste capítulo associadas aos itens que você marcou. E quanto aos que você *não* marcou? Significa que você está se saindo bem nesses aspectos. Ainda assim, continue a ler. Em se tratando de sua filha, estar bem informado nunca é demais. Comecemos com o Pai celestial.

Aprendendo com o Mestre

Quando uma mulher estiver no seu período de menstruação, ficará impura durante sete dias. Nesse período, quem nela tocar ficará impuro até a tarde.

Todos os objetos e todos os lugares em que ela sentar ou deitar durante o período de menstruação ficarão impuros também. Quem tocar na cama dela terá de lavar a sua roupa e tomar banho, e ficará impuro até a tarde. Quem tocar em alguma coisa sobre a qual ela esteve sentada, terá de lavar as suas roupas e tomar banho, e estará impuro até a tarde. Também quem tocar em alguma coisa que estiver sobre a cama ou sobre aquilo em que ela esteve sentada ficará impuro até a tarde.

Levítico 15.19-23, NBV

Espere um pouco. Estamos brincando, certo? Isso não quer dizer que você deve...

De jeito nenhum. Apresentamos esta passagem das Escrituras como a totalidade do que a Bíblia diz a respeito de qualquer coisa remotamente associada à puberdade. Não vamos nem pensar no assunto do qual essa passagem trata e muito menos em sua aplicação (se é que tem alguma) para nosso tempo. Vamos apenas observar que obedecer a esse mandamento implicaria uma sobrecarga para a máquina de lavar roupas.

O fato é que você não obterá muita ajuda direta do texto sagrado ao tratar das mudanças que estão acontecendo no corpo de sua pré-adolescente. Contudo, *podemos* tomar como ponto de partida o que Paulo

> *O que dizem as minimulheres*
>
> Posso conversar sobre qualquer coisa com meu pai. Quer dizer, quase qualquer coisa. Posso conversar sobre qualquer coisa com minha mãe, mas tem alguns assuntos — "aquelas coisas" — que eu não consigo conversar com meu pai. Morreria de vergonha.

escreveu em sua carta aos Colossenses (3.21): "Pais, não irritem seus filhos, para que eles não desanimem". Essa instrução vem logo depois de "Filhos, obedeçam a seus pais em tudo, pois isso agrada ao Senhor". Quer ter certeza de que isso acontecerá? Então não seja duro demais com eles, Paulo diz, para que não concluam que não vale a pena tentar ser qualquer outra coisa além da escória incorrigível que você os levou a pensar que são. Para um sujeito que nunca teve filhos, Paulo mandou bem.

Quer que sua filha se sinta à vontade com o próprio corpo? Que ela não use roupas que revelam busto, barriga e nádegas para meio mundo? Que seja saudável? Que saiba que é digna de respeito como mulher?

Nada disso acontecerá se, quando criança, ela foi levada a concluir que é gorda e desprovida de atrativos e que não merece ser amada. Será praticamente impossível se ela não receber defesa alguma contra as piadas e a erotização de sua geração. Em essência, não há outro modo de ela ter uma imagem saudável e realista de si mesma como mulher se você cometer uma das gafes a seguir. Impossível.

Cara, não diga uma coisa dessas...

- "Você andou ganhando uns quilinhos, né filha?".
- "Nada de balas e chocolate pra você até perder essas gordurinhas".
- "Por que a porta tem que ficar fechada? Tá escondendo alguma coisa aí dentro?".
- "Pra que você precisa de sutiã?".
- "Vai com calma, ô desastrada".
- "Essa história de cólica é coisa da sua cabeça. Larga de ser molenga".
- "Seu irmão disse que a fada dos seios se esqueceu de você? Não dá bola pra ele".
- "Você está pesada demais para sentar no meu colo".

Como Paulo disse, sua filha ficará "irritada" de tempos em tempos por causa de outras coisas que não há como controlar, por mais que você queira. Mas é *possível* e *necessário* controlar o que acontece em casa. Agora vamos lhe mostrar como.

Onde eu entro em cena?

Como comentamos acima, assuntos do tipo "É isso que vai acontecer quando você menstruar" fazem parte, logicamente, da descrição de cargo da mãe. A menos que você se encontre numa situação extremamente incomum em sua casa, não será responsável por sair para comprar sutiãs com sua pré-adolescente nem lhe ensinar a depilar as pernas, mesmo que ela use um barbeador parecido com o seu. Existem, porém, diversas áreas em que suas contribuições são fundamentais. Algumas delas talvez o surpreendam.

Puberdade

Pergunte à mãe em que estágio sua filha se encontra quanto à menstruação e a outras mudanças que estão acontecendo. É importante que você seja acessível e não tenha constrangimento em relação a isso tudo (ou pelo menos aparente não ter). Seja o tipo de pai que ela poderá procurar caso a primeira menstruação chegue quando a mãe não estiver por perto, ou algum garoto puxe as alças do sutiã dela na escola, ou alguma Menina Horrivelmente Maldosa a chame de vaca leiteira. Seja esse sujeito, esse amigo.

> **O que dizem as minimulheres**
>
> Acho que meu pai me ama do jeito que eu sou. Mas acho que ele sente saudade do tempo em que eu era pequena e despreocupada.
> Agora que meu corpo está se preparando para se tornar um corpo de mulher, acho que esse lance é difícil pro meu pai.

Hábitos alimentares

Mesmo que você não seja encarregado de cozinhar ou fazer as compras para sua família (embora, de acordo com um estudo realizado em 2008 nos EUA, 24% dos homens que responderam à pesquisa tenham dito que eram),[2] você ainda exerce grande influência sobre a nutrição e os hábitos alimentares de sua filha, uma influência que se dá por meio do exemplo. A cozinheira-mor (também conhecida como "Mãe") pode colocar na mesa uma refeição saudável e balanceada e fazer um discurso de dez minutos sobre os benefícios que ela trará para o corpo de todos, mas, se você torcer o nariz para esses alimentos, os esforços dela serão em vão. Quando uma criança já desconfia de qualquer coisa verde no prato, um olhar atravessado do pai será suficiente para convencê-la de que estão tentando envená-la. Em outras palavras, seja homem e coma frutas e legumes e evite gordura e açúcar em excesso, pois sua filha o está observando. Algumas outras coisas que você pode fazer para promover uma alimentação saudável (que, como você irá notar, não inclui a famosa frase "Você só vai sair da mesa depois que limpar o prato"):

1. *Elogie a comida e coma com gosto*, recomenda David Grotto, presidente da organização Nutritional Housecall.[3] Guarde as queixas sobre a torta de atum para uma conversa particular.

2. *Dê o exemplo de comer com calma, mesmo que tenha a tendência de devorar tudo em três garfadas.* Mastigue bem, até a comida adquirir a consistência de purê. É sério.

3. *Por mais saborosos que sejam os alimentos, não se empanturre.* Coma apenas até ficar satisfeito.

4. *Não coloque a mãe no papel de ditadora alimentar.* Apoie os esforços dela para transformar em hábito a alimentação saudável. Se esse não for o estilo de sua esposa, converse com ela sobre formas de vocês dois trabalharem em conjunto para promover uma alimentação balanceada.

5. *Se você precisar cuidar da alimentação de sua filha e não for exatamente um gênio na cozinha* (não estamos insinuando que é o caso, mas, por via das dúvidas...), evite os alimentos prontos (pratos congelados ou enlatados, macarrão instantâneo com tempero) e fique com o básico: frutas, legumes crus, queijo, pão integral com requeijão. Providencie para que sua filha tenha sempre proteínas na dieta e para que os lanches contenham pouco açúcar.

6. *Busque o equilíbrio entre deixar que sua filha coma o quiser e controlar cada migalha.* Não sabemos quem teve a ideia de fazer um estudo desse, mas os resultados têm embasamento científico. Em 2006, uma pesquisa sobre obesidade mostrou que mulheres com pais extremamente controladores apresentavam uma porcentagem maior de gordura corporal. Um estudo realizado na Austrália revelou que, quando o pai não define *nenhum* limite para o filho ou não participa de sua educação, a probabilidade de os filhos se tornarem obesos é maior do que quando o pai está presente e define limites razoáveis.[4]

7. *Proíba "dietas" para sua filha (e incentive sua esposa a não adotá-las também).* Se você ouvir qualquer menção ao regime das proteínas, das frutas, da sopa, do *diet shake* ou algo do gênero, sente-se com sua filha e mostre como as dietas da moda são absurdas e como é ridículo ela se preocupar se está gorda aos 9 anos. Mesmo que esteja acima do peso, trabalhe em conjunto com a mãe (e se necessário, com uma nutricionista) para mudar os hábitos alimentares dela, mas nunca digam que a estão "colocando de dieta". Boa nutrição funciona; dietas não.

8. *Fique atento para os sinais de distúrbios alimentares.* Atento não quer dizer neurótico. Não é preciso marcar horário com o terapeuta cada vez que o apetite diminuir. Apenas se informe a respeito dos sintomas a fim de reconhecê-los, caso apareçam. Na pré-adolescente, isso pode significar recusa em comer, longa

ausência de apetite sem causa física ou avisos da escola de que ela tem jogado o lanche fora. De acordo com a psicoterapeuta Mary Jo Rapini, há uma ligação entre o relacionamento da menina com o pai e a probabilidade de ela desenvolver um distúrbio alimentar.[5] A probabilidade é menor quando o pai participa de atividades saudáveis em família, demonstra amor de forma clara e promove a alimentação balanceada. Quando o pai enfatiza a aparência da filha ou a ignora completamente e não adota nenhuma das medidas positivas mencionadas acima, o risco é maior.

9. *Lembre-se de que tudo isso faz bem não apenas para sua filha, mas também para você.* Afinal de contas, você quer estar por aqui para acompanhá-la até o altar quando ela se casar, não?

Sono saudável

A pré-adolescente precisa de nove a dez horas de sono todas as noites. Ponto final. À medida que se aproximar da adolescência (ou mesmo antes, se ela for do tipo ansioso ou com energia de sobra), é possível que tenha dificuldade em pegar no sono na hora de dormir. Ainda assim, é importante que você a faça cumprir o horário de ir para a cama. Incentive-a a ter um tempo para se acalmar antes desse horário, e participe desse momento. Não imagine que ela passou da idade de ouvi-lo contar uma história ou que ainda é jovem demais para orar com você. Dez minutos de conversa tranquila podem servir não apenas para ajudá-la a pegar no sono, mas também para que você fique por dentro de algumas das coisas que estão acontecendo na vida dela. Marijean, que possuía a capacidade natural de falar mais do que qualquer um tinha paciência em ouvir, se abria mais na hora de dormir. Contava tudo de ruim que os outros haviam lhe dito ao longo do dia e suas próprias respostas igualmente maldosas. Não queríamos que ela pegasse no sono com esses pensamentos todos tumultuando sua mente.

Fora do sofá!

Tendo em vista que as pré-adolescentes são bastante irrequietas, parece natural concluir que a atividade física não constitua uma área problemática. Porém, segundo um estudo realizado em 2000 com crianças norte-americanas de 6 a 12 anos, elas gastam, em média, trinta minutos por semana com brincadeiras livres num ambiente externo.[6] De acordo com especialistas, o fato de as crianças não brincarem tanto quanto o faziam antigamente é o principal motivo de a obesidade infantil ter quadruplicado nos últimos quarenta anos,[7] gerando o risco de diabetes tipo 1, hipertensão e colesterol elevado mesmo na infância. Se isso não bastar para você, aqui vai mais um dado: os terapeutas infantis Elium e Elium afirmam que meninas fisicamente ativas apresentam menos probabilidade de engravidar na adolescência, abandonar os estudos ou aceitar abuso.[8] E você ainda não a expulsou do sofá?

Algumas sugestões:

1. *Seja ativo com ela.* Levá-la de carro ao treino de vôlei não conta. Andem de bicicleta juntos. Façam natação ou caminhadas. Pratiquem arremessos de basquete. Virem cambalhotas no quintal. Se possível, transforme o exercício numa atividade para toda a família.

2. *Apoie qualquer atividade física que ela deseje realizar, inclusive um esporte no qual você sabe que ela não será craque.* Será que importa mesmo se ela é a menina mais baixa da classe, mas ainda assim quer treinar basquete? Faz alguma diferença significativa se ela quer jogar num time de futebol só porque as amigas jogam? Qual é o problema, desde que ela se mantenha ativa e esteja se divertindo? Ela não precisa brilhar. Nem precisa se sair razoavelmente bem. Só precisa curtir a atividade.

3. *Se ela se sai bem nos esportes, lembre-se do seguinte:*
   - Jovens atletas do sexo feminino (especialmente entre 11 e 12 anos) precisam de treinamento e condicionamento específico, diferente daquele que é realizado com atletas mais maduros, pois seu corpo está crescendo. Certifique-se de que o treinador dela saiba disso.
   - Meninas que escolhem um esporte quando ainda são novas, e praticam apenas essa modalidade o ano inteiro ao longo de todo o ensino fundamental, correm o risco de sofrer lesões sérias. Providencie descansos na programação esportiva dela.
   - A especialização precoce pode acabar impedindo-a de desenvolver equilíbrio e força de forma geral e coordenação completa. Certifique-se de que ela pratique mais de um esporte.

4. *Se sua filha experimentar um esporte e não gostar dele* e, se depois disso, ela se encolher na posição fetal cada vez que ouve as palavras *atividade física*, procure,

com todo o cuidado, descobrir o que aconteceu. Não fiz isso com Marijean e, como resultado, acredito que ela deixou de ter algumas experiências positivas.

Por sugestão de uma babá cujo filho treinava ginástica, colocamos Marijean no mesmo curso que ele. A princípio, Marijean, que estava com 4 anos, ficou toda empolgada e queria até dormir com o *collant* cor-de-rosa. Então, um dia, ela teve uma crise a caminho da aula, o que levou a babá a fazer algumas perguntas e ficar sabendo que Marijean havia "se recusado a cooperar" na aula anterior, levado uma bronca e ficado de castigo. Em resumo, tinha se dado mal. E o que havia feito de errado? Não tinha se esforçado o suficiente. Assim terminou seu contato com a ginástica, por escolha dela e nossa também.

Infelizmente, depois disso — e de modo mais pronunciado na pré-adolescência — toda vez que mencionávamos algum treino ou esporte, ela não queria nem saber. Nancy não se esforçou muito para incentivar Marijean porque ela própria havia passado por algumas experiências negativas com esportes quando era criança e havia perdido a autoconfiança até para curtir um passeio de bicicleta. Hoje eu me arrependo de não ter feito nada, pois Marijean tem porte atlético, boa coordenação motora e gosta de atividade física. Se eu tivesse sido mais assertivo e a encorajado mais, ela poderia ter curtido esportes em equipe e desenvolvido uma imagem corporal mais saudável. Uma vez que comecei a realizar algumas atividades com ela, como esquiar e escalar, percebi que não lhe faltava talento natural e fiquei ainda mais chateado comigo mesmo por não tê-la incentivado quando era mais nova. Não cometa o mesmo erro. Se sua filha reage automaticamente de forma negativa a tudo o que tem a ver com esportes, vale a pena investigar o motivo.

5. *Esportes não são a única forma de atividade física — algo importante de lembrar caso sua filha não seja do tipo atlético.* Dançar, andar a cavalo ou andar de patins são atividades físicas que proporcionam os mesmos benefícios que os esportes em equipe. Não faça gozações de sua filha, dizendo que essas são atividades de menininhas. Afinal, ela *é* menina. E, se houver um torneio ou recital, compareça. E leve a filmadora.

6. *Providencie para que ela tenha tempo para brincadeiras livres.* A televisão e o computador não são os únicos responsáveis por tornar quase obsoleto o costume de correr de um lado para o outro com as amigas. Também há o medo de que, se você a deixar sair para subir em árvores e virar estrela com as BFFs, alguém poderá sequestrá-la. Há uma grande diferença entre mandá-la jogar bola

com a turma num parque, sem qualquer supervisão dos pais, e ficar de olho enquanto ela e as amigas improvisam uma versão de pega-pega cheia de gritinhos no *playground* do prédio. Além de o tempo de atividade física não estruturada ser bom para o corpo de sua filha, também é um exercício para a imaginação dela. Inventar brincadeiras e experimentar diferentes papéis é tão importante quanto formar massa muscular e desenvolver coordenação motora. Se sua filha não se interessa por esportes organizados, é ainda mais importante que ela simplesmente se movimente, e que o faça com frequência.

Cara, não diga uma coisa dessas...

- "Você não fica de olho na bola quando está jogando. Precisa prestar mais atenção".
- "Não consegue enxergar onde está errando, mas eu consigo. Portanto, deixe eu explicar...".
- "Se não vai levar o esporte a sério, não precisa nem se dar ao trabalho de jogar".
- "Quando chegarmos em casa, vamos treinar seus arremessos. Você está dando vexame".
- "Eu não grito tanto assim durante os seus jogos".
- "Você não estava ligada no jogo hoje".

Quem ela imagina que é

Sei que parece doido pensar que, mesmo antes de desenvolver seios, ela está sendo influenciada por mulheres que têm uma aparência considerada desejável. Mas, conforme comentamos, a mente de nossas filhas é inundada por imagens que lhes dizem que aparência devem ter. Quando não conseguem (o que acontece em 98% dos casos), o conceito que têm sobre si mesmas é distorcido de tal modo que terão dificuldade de lidar com ele para o resto da vida. Há várias coisas que você pode fazer a fim de evitar que sua filha entre nessa onda e para que ela se sinta à vontade com o próprio corpo:

1. *Se for preciso, compartilhe esta informação com a mãe de sua filha*: a imagem corporal na pré-adolescência e no início da adolescência é mais influenciada pela atitude e pelos comentários negativos da mãe do que qualquer outra coisa.[9] Até comentários do tipo: "Você tem as coxas parecidas com as da sua avó

e nunca vai poder usar minissaias" pode levar sua menina a se sentir tão atraente quanto um hidrante.

2. *Converse com a mãe de sua filha sobre o modo como se refere ao próprio corpo.* A mãe pode dizer à filha todos os dias (várias vezes por dia) que ela tem um corpo lindo, mas de nada adiantará se os comentários da mãe a respeito de si mesma forem do tipo: "Estou supergorda", "Preciso perder pelos menos uns 7 quilos", "Gostei da roupa dela, mas *eu* ficaria parecendo uma baleia com um traje igual". É importante todas as mães evitarem ao máximo esse tipo de comentário perto da filha, mas é fundamental no caso de mães que já são tão magras que desapareceriam se perdessem os tais 7 quilos. Uma menina, que está passando pela fase gordinha que antecede a puberdade, ouve palavras assim e pensa: "Se *ela* está gorda, eu devo parecer um dirigível".

Pode crer. Isso aconteceu em nossa casa. Durante a pré-adolescência de Marijean, Nancy estava a um passo da anorexia e se martirizava com cada grama que ganhava. Marijean, uma garota robusta e absolutamente proporcional, cresceu imaginando que precisava ser fina como um bambu, e sabendo que jamais conseguiria. Todos nós nos arrependemos e trabalhamos essa questão, mas, até hoje, minha esposa e minha filha precisam ajudar uma à outra a vigiar a tentação e não dizer "Como estou gorda!".

3. *Não permita que ela aceite a imagem transmitida pela mídia.* Toda vez que você vir ou ouvir uma dessas distorções, vire-se para sua filha e diga que é tudo besteira das grandes. Toda vez. Explique para ela como funcionam os retoques artísticos de fotos e o programa Photoshop. Converse sobre as coisas às quais as modelos se sujeitam para fazer os ossos dos quadris despontarem daquele jeito. Diga-lhe que, para você, elas parecem estar morrendo de fome. Em resumo, não permita que ela engula as mentiras da mídia. E, por favor, não evite a palavra *sexy*, pois aos 10, 11 e 12 anos ela já sabe que é isso o que se espera dela. As coreografias das músicas infantis de hoje em dia têm tanto rebolado e insinuação quanto as apresentações que rolam em casas noturnas. Deixe claro para sua filha que nenhuma menina da idade dela deve ou pode ser *sexy*, e que nenhuma menina de qualquer idade deve se esforçar para ter um visual assim a fim de ser amada. Se ela já entende o conceito de *sexy*, não é cedo demais para conversar com ela sobre isso. E nada de passar a bola para a mãe. Sua filha precisa ouvir essas verdades *de você*.

4. *Em contrapartida, não suponha que ela está querendo ser "sensual" quando sai do banheiro enrolada numa toalha e passeia pela casa antes de ir para o quarto.* Sua filha ainda se vê como uma garotinha. Dê-se por feliz que ela tem noção suficiente para não sair andando pela casa completamente nua e, pelo amor de qualquer coisa, não dê uma bronca para envergonhá-la. Como diz a blogueira Shanna Jayson: "O corpo dela está amadurecendo com mais rapidez do que sua visão de si mesma como mulher".[10] Aliás, não fique muito surpreso se, dois minutos depois, ela se trancar no quarto e gritar que "precisa de um pouco de privacidade!". Precisa mesmo. Ao lhe dar essa privacidade, você pode ensiná-la sobre ter recato. Você também pode lhe ensinar isso ao lhe explicar, quando ela resolver usar um biquíni para passear com a família na praia, que esse é um bom momento para ela começar a respeitar o próprio corpo, não mostrando cada detalhe de si para meio mundo. Também nesse caso, não a acuse de querer ser sensual. É bem provável que nem tenha passado pela cabeça dela que agora as pessoas vão reagir ao seu corpo em desenvolvimento de forma diferente de como reagiam ao corpo infantil, de barriga arredondada e sem busto. A nosso ver, não é aconselhável dizer: "Homens adultos vão ficar olhando para você; é melhor se vestir direito". Esse tipo de comentário só a levará a concluir que os homens representam um perigo constante. Concentre-se no respeito próprio e faça-o, obviamente, ao demonstrar respeito por ela. Se ela disser que *quer* parecer *sexy*, respire fundo. Nada de lhe passar um sermão ou comprar um cinto de castidade. Pergunte o que ela entende por "parecer *sexy*". É muito provável que você ouça uma definição bem diferente de sua ideia de sensualidade.

5. *Dê mais atenção às coisas incríveis que o corpo de sua filha é capaz de fazer do que à aparência dele, por mais gracioso que seja.* Elogie-a por tentar desenvolver aptidões físicas. Comemore quando ela conseguir saltar mais alto, correr uma distância maior ou driblar o irmão melhor do que no ano anterior. Converse sobre como vocês se sentem bem depois de fazer uma caminhada, nadar ou andar de bicicleta. Ainda que sua filha não consiga dar um saque no vôlei ou dançar sapateado, nem mesmo se a vida da melhor amiga dela dependesse disso, ela pode se sentir bem com o que seu corpo é capaz de fazer, sabendo como é ótimo ser saudável.

6. *Se sua filha estiver acima do peso ou se apenas estiver acumulando alguns quilos para o próximo estirão de crescimento, não diga isso logo de cara.* De jeito nenhum. Por mais que você comente de modo engraçado, por maior que seja o

sorriso em seu rosto ao fazer essa observação ou por mais que você insista que *você* a considera linda exatamente do jeito que ela é, o "mas" fica claro nas entrelinhas e pode ser arrasador. Ela já se sente insegura sobre as formas que seu corpo está adquirindo, e essas poucas palavras podem minar sua autoimagem. Atenha-se a trabalhar com a mãe dela para melhorar a alimentação e incorporar mais atividade física à rotina, e inclua a família toda nesse programa; não aja como se ele fosse destinado apenas para sua filha. Ela não precisa ouvir o irmão dizer: "Se você não fosse tão gorda, a gente poderia voltar a comer sobremesa. Valeu, balofa".

Gozações dos meninos

Você irá ouvir o refrão "Odeio meninos!" mais de uma vez durante a pré-adolescência. Aliás, é possível que este seja o par de palavras favorito de sua filha, uma vez que ela ainda não captou o charme masculino — mesmo porque, para dizer a verdade, a essa altura do campeonato os meninos são desprovidos de charme. Preferem zoar com ela até fazê-la bater em alguém, chorar e gritar ou todas as alternativas anteriores. Daí a declaração: "Odeio meninos!". Uma vez que você mesmo foi um Mala Sem Alça Ridículo (doravante MSAR), sabe que eles fazem tudo isso para chamar a atenção dela e galgar as posições mais elevadas da escala social, e porque se sentem atraídos e, ao mesmo tempo, aterrorizados pelas mudanças que estão acontecendo com ela (ou seja, ela não é mais um menino com menos massa muscular). *Ela* não sabe disso, e também não dá a mínima. Quer apenas que eles parem de atormentá-la, e com razão. Já foi o tempo em que os meninos pintavam o sete com as meninas (aliás, que raios de sete é esse?) ou acusavam as meninas de serem "cheias de germes" (e o que eles imaginavam ser germes?). Uma vez que os meninos de hoje estão expostos a programas de televisão mais erotizados, a locutores de rádio mais sarcásticos, e a letras de música mais obscenas do que em qualquer outra época da história, eles estão mais munidos para zoar com as meninas do que você estava nessa idade, e usam o que aprendem mesmo sem saber exatamente o que significa. Afinal, vale tudo para fazer a galera rir, não é? Mas o que fazer se os MSARs estiverem infernizando a vida de sua filha para valer?

1. *Diga-lhe para ignorar os comentários deles.* Quando os meninos não obtêm a reação desejada, ficam entediados e desistem.

2. Informe-a de que essa é uma ocasião apropriada para revirar os olhos (algo que ela faz tão bem). É tão maravilhosamente desdenhoso que até o menino mais obtuso perceberá.

3. Incentive-a a contar para você se a gozação ficar séria e/ou adquirir caráter sexual ou se houver contato físico. Pode ser que ela deteste a ideia de dedurar alguém, mas deixe claro que dedurar é *colocar* alguém em apuros, enquanto informar um acontecimento é *tirar* alguém de apuros, isto é, ela mesma! Ela precisa saber desde cedo que assédio sexual não é aceitável e que deve sempre tomar uma atitude a esse respeito. Convém observar, contudo, que não é um bom momento para você ameaçar dar uma surra monumental no garoto. Se você demonstrar integridade ao lidar com a situação agora, sua filha saberá que pode pedir sua ajuda novamente no futuro.

4. Se as gozações vêm dos irmãos dela, dê um basta de imediato. Há uma diferença entre piadas em família, que são divertidas para todos, e agressões pessoais que magoam qualquer um. Não diga à sua filha que ela é sensível demais, que os meninos são assim mesmo e que ela deve dar o troco tirando um barato do irmão. Mande o irmão parar. Não permita que *ela* fique impune se tirar um barato *dele* e não dê mau exemplo ao fazer gozações inapropriadas. Ninguém tem a obrigação de desenvolver uma casca dura para poder aguentar a zombaria dos outros. É o autor das gozações que está errado, não o seu alvo. Ensine essa lição em casa, e seu filho não irá infernizar a vida de outras pré--adolescentes fora de casa.

E quanto às demonstrações de afeto?

A denúncia de um número maior de casos de abuso sexual doméstico causou um impacto ruim sobre os bons pais que ficam enojados só de pensar nisso. É triste ouvir o pai de uma pré-adolescente dizer que tem medo de tocar a filha porque alguém pode imaginar que ele seja um pervertido.

Como assim?!

Essa é uma fase em que ela precisa de mais afirmação, em que precisa saber que é amada,

> ### O que dizem as minimulheres
> Uma vez que estou ficando mais velha e meu corpo tá mudando, isso faz a gente ficar meio sem graça no nosso relacionamento, mas nós dois gostamos de rir juntos pra caramba.

apesar de sentir-se toda esquisita consigo mesma e com as mudanças acontecendo com ela. Portanto, é o *pior* momento para evitar demonstrações físicas de afeto. É difícil até saber por onde *começar* a citar os motivos pelos quais essa é uma péssima ideia.

1. *Se ela estiver carente de afeto, procurará suprir essa carência de outra forma*: comida, meninos (esse é um dos motivos pelos quais existem meninas de 10 anos loucas por garotos), aprovação das garotas superdescoladas da turma. Seja o que for, não vai suprir a segurança que ela precisa sentir de você, expressa por meio de abraços, beijos no rosto e momentos de aconchego enquanto assistem a um filme.

2. *Ela precisa saber que não há nada de errado em ser tocada com respeito e amor.* É uma necessidade humana. Sem isso, todos nós ficamos meio fora de esquadro.

3. *É um momento confuso em vários sentidos.* Ela precisa da sensação de conforto e segurança que sua mão forte sobre o ombro dela proporciona.

4. *Também é um tempo de chorar o fim de uma fase, pois ela está deixando a infância para trás.* Sua barba arranhando o rosto dela e o cheiro de sua camisa quando ela encosta a cabeça em seu peito a fazem lembrar de que ela sempre será sua garotinha.

Portanto, mantenha o mesmo tipo de demonstração de afeto que você sempre lhe deu. É importante que seu carinho

- a reconforte
- a reafirme
- a apoie
- respeite os limites dela
- faça-a se sentir especial
- seja oferecido com a permissão dela.

Não é isso que você sempre fez? Por que parar agora? Não PERMITA que a proliferação do abuso sexual o impeça de mostrar à sua filha que você a ama.

Senhor, preencha a lacuna

Deus, como Pai supremo, o Senhor sabe que não posso educar sozinho minha filha, especialmente no que diz respeito às mudanças da puberdade. Por favor, preencha a imensa lacuna entre aquilo que sei fazer por ela nesse estágio tão confuso de sua vida e aquilo de que ela precisa para crescer e se tornar a mulher que o Senhor a criou para ser. Não posso fazê-lo sozinho. Conto com sua ajuda, Pai.

Amém.

3

Daqui a pouco ela desanda a chorar

O que foi isso?

Você está sentado à mesa jantando, dizendo praticamente o mesmo de todas as noites desde que seus filhos sentavam em cadeirões.

— Como foi o dia de todo mundo?

— Ô, baixinho, usa o guardanapo, por favor.

— Alguém passa o *ketchup*? Não via aérea, rapaz. Entregue para sua irmã, e ela pode passar pra mim.

— E aí, filha, foi bem na prova de matemática?

Em resposta, recebe os mesmos acenos com a cabeça e sorrisos (de boca fechada, e também de boca aberta e cheia de comida), bem como um ocasional revirar de olhos, um acréscimo recente aos jantares. Trocando em miúdos, tudo vai bem à mesa do rei.

Então, do nada, sua filha pré-adolescente começa a rir. A princípio é um som baixo, do fundo da garganta, que brota de sua alma de menina, onde coisas que você disse desencadearam um reflexo hilariante.

> **O que dizem as minimulheres**
>
> Eu queria que meu pai se ligasse de como é difícil crescer. Acho que ele não entende as mudanças que estão acontecendo. Especialmente as mudanças emocionais.

O risinho se transforma em gargalhada. Ela põe as mãos sobre a boca para não cuspir a comida, e seus olhos se arregalam. Enquanto ela se rende ao acesso de riso, você lança um olhar confuso para sua esposa. O rosto dela permanece impassível, exceto pela sobrancelha erguida numa expressão de "O que foi?".

O que foi?! A garota está prestes a engasgar com o purê de batata sem motivo aparente, e a mãe pergunta "O que foi?".

Entrementes, os lábios que segundos atrás estavam cheios de riso começam a tremer, e os olhos ficam marejados. Aquilo que era irresistivelmente engraçado de repente se tornou trágico.

— Tá vendo isso? — você pergunta para a mãe dela. — Daqui a pouco ela desanda a chorar.

Tarde demais. Já está chorando. Tão forte que salta da cadeira, as mãos ainda cobrindo a boca, sai da mesa e dispara pelo corredor. É possível ouvir os soluços mesmo depois que ela bate a porta.

Mais uma vez, você olha demoradamente para sua esposa.

— O que acabou de acontecer? — você pergunta.

— Ela é uma menina de 11 anos — ela responde.

— O que uma coisa tem a ver com a outra?

— Tudo — ela diz.

E deixa você completa e absolutamente boiando.

O negócio é o seguinte

Nem sei lhe dizer quantas vezes a cena descrita acima se repetiu à nossa mesa de jantar. No carro. No meio do supermercado. Nunca descobri o que aconteceu ou o que eu disse para desencadear aquelas emoções desgovernadas. Até hoje, não sei o que se passou. E é provável que não precisasse saber, pois Nancy tinha razão: Marijean só estava sendo uma típica menina de 11 anos.

> **O que dizem as minimulheres**
>
> Às vezes tenho a sensação de que estou superbrava sem motivo e aí fico extremamente irritada com qualquer coisa MÍNIMA. São fases em que tudo parece estar em volume mais alto que de costume, quando as coisas bobas me dão nos nervos. Acho que isso é normal pra nossa idade, mas é bem chato.

Antes que você comece a pensar: "Ah, então quer dizer que dá para atribuir tudo aos hormônios", pode parar. E não cometa o erro de dizer isso para sua filha. Se você pensou que ela estava tendo um chilique antes, mencione que ela está sofrendo de TPM pubescente e você verá o que é bom para tosse. Quer as variações de humor de sua pré-adolescente sejam ocorrências monumentais quer apenas pontuais e discretas, as emoções dela nessa idade são bem mais complicadas que uma simples variação no nível de estrogênio. Convém entender a origem delas, pois, do contrário, você passará um bocado de tempo não apenas se sentindo totalmente perdido, mas também fazendo e dizendo coisas que, com certeza, causarão verdadeiros cataclismos.

A boa notícia é que há uma porção de coisas que você pode fazer para tornar essa fase de altos e baixos menos complicada para sua filha (e para você). Para começar, é importante ter uma visão clara do que está acontecendo com sua menina que, agora, está num processo de constante transformação. Para facilitar ao máximo, resumimos tudo em quatro partes.

A parte que tem a ver com o simples fato de ela pertencer ao sexo feminino
Não é preciso ser psicólogo para observar que existem diferenças claras entre o modo como os homens e as mulheres sentem e pensam. Sua filha é uma minimulher. Então por que esse fato não se aplicaria a ela?

1.   *Meninas são mais sensíveis à linguagem corporal que meninos.* Se você tem um filho, sabe que pode encará-lo por dois minutos inteiros sem que ele pare o que está fazendo e pergunte: "Hein?". Ele não é bobo; é só menino. As meninas, em contrapartida, costumam perceber até as mínimas variações. Se seus lábios tremem de leve, ela sabe que você está rindo dela por dentro. Se você pisca mais que duas vezes, ela o acusa (com razão) de não entendê-la. Mesmo que sua filha pré-adolescente não diga nada, ela sabe que a tensão em sua mandíbula significa que você está perdendo a paciência, e que olhares rápidos por sobre a cabeça dela indicam que está perdendo o interesse. Desista, cara. Não dá para esconder nada.

2.   *Meninas têm um radar que detecta como as pessoas se relacionam entre si e com elas.* Se você e sua esposa tiverem um desentendimento momentâneo, sua filha pré-adolescente perceberá assim que entrar em casa. Esqueça a ideia de esconder dela que seu cunhado lhe dá nos nervos. Ela sabe quem a considera adorável e quem gostaria que ela fosse brincar em outro lugar. Como faz isso? Seu cérebro é programado para receber e decifrar um volume imenso de informações sensoriais,[1] o que significa que ela capta diálogos não verbais (do tipo que se desenrola entre marido e mulher), subtextos e aquilo que fica nas entrelinhas, coisas que a maioria de nós, homens, não percebe. Em outras palavras, ela sabe o que acontece de verdade e, por isso, pode entrar num parafuso que não fez sentido algum para você.

> **O que dizem as minimulheres**
> Às vezes meu pai me trata como se eu fosse uma bebezinha. E às vezes ele é DEMAIS. Mas eu nunca sei qual dos dois vai ser hoje.

3. Quanto à audição, *as meninas usam mais partes do cérebro quando ouvem do que os meninos.*[2] Elas também têm mais aptidão natural para notar variações no tom de voz. Portanto, enquanto você fala, sua filha cria conexões entre uma porção de elementos e atribui significado a todos eles. Em resumo, ela capta a mensagem que você nem sabia que tinha enviado, a qual, provavelmente, não tinha a intenção de enviar. Isso explica por que às vezes ela sai correndo depois de uma conversa de duas frases enquanto você fica parado, pensando: "Como assim? O que eu falei de errado?".

4. *Meninas observam as coisas em mais detalhes e se recordam delas por mais tempo.*[3] Você alguma vez relatou um acontecimento que envolveu toda a família sem que sua filha (ou a mãe dela) o interrompesse para corrigir algum fato irrelevante? Espero que você não tenha tentado argumentar. Afinal, sabe como é bem provável que ela tenha razão. Esses dados todos vão para uma área de armazenagem no cérebro dela e podem ser recuperados sem muito esforço, o que significa que ela pode se irritar novamente por causa de algo que a exasperou meses atrás.

5. *As coisas pessoais são mais importantes para as meninas que para os meninos.*[4] Se quiser prova disso, esqueça seu aniversário de casamento. Se a melhor amiga de sua filha não der bola para ela, pode acontecer de ela entrar em crise por vários dias. Essas variações ocorrem o tempo todo (literalmente toda hora — veja o capítulo 6), e as emoções pegam carona. Para as meninas, geralmente o sentimento associado a um acontecimento é mais importante do que o acontecimento em si.

6. *Meninas têm visão panorâmica.*[5] Não apenas de modo figurado, mas físico. Meninas e mulheres possuem mais bastonetes e cones na retina dos olhos e, portanto, têm a visão periférica mais ampla.[6] E convenhamos, aquilo que sua filha vê nem sempre é agradável. Se você fosse capaz de perceber as sutilezas, subtextos e desastres em potencial da mesma forma que ela, também ficaria melancólico, dramático e choroso.

O que provavelmente causa mais perplexidade do que qualquer outra coisa é o fato de meninas e meninos vivenciarem as mesmas emoções, mas de *as meninas expressarem seus sentimentos mais abertamente e com mais frequência.*[7] Para você, a reação dela parece exagerada. Para ela, são apenas sentimentos que acompanham seus pensamentos. De acordo com Daniel Goleman, autor de *Emotional Intelligence*, até os 20 anos a menina ainda está aprendendo a distinguir entre pensamentos e sentimentos, de modo que suas emoções não desequilibrem a gangorra para um lado ou para o outro. Aguente as pontas.[8] Só faltam dez anos.

7. *As mulheres usam o diálogo de modo diferente dos homens.* Para elas, é uma forma de ter mais intimidade com as pessoas, de oferecer e receber apoio, de fazer com que todos fiquem em sintonia uns com os outros. Quando conversam, querem apenas se relacionar. Os homens, em contrapartida, usam o diálogo para resolver problemas, obter conselhos e também para demonstrar superioridade. Sua filha chega, querendo compartilhar os sentimentos dela com você e, em troca, você diz para ela como resolver o problema. Ela sai chorando, e você se pergunta o que acabou de acontecer.

A parte que você PODE atribuir aos hormônios

Nunca é demais enfatizar: nem todas as mudanças de humor de sua filha são resultado de um pico de estrogênio. Contudo, as variações hormonais exercem influência. Como certo *blog* coloca: "Os hormônios começam a circular pelo corpo dela — e também por sua casa".[9] A boa notícia é que esses altos e baixos, que ela tem dificuldade em controlar porque são induzidos por elementos químicos, são apenas temporários. Embora as mudanças continuem a ocorrer em cada ciclo menstrual, com o tempo afetam a menina de modo menos dramático. Mas é importante você entender que ela tem todo esse lance de menstruação com o qual precisa lidar (confesso que nessas horas fico feliz de ser homem), seios aparecendo do nada, pernas e axilas ficando mais peludas e transformando-a no alvo perfeito de gozações, novos odores contra os quais lutar e, ainda por cima, está consciente disso tudo. Além do mais, os hormônios vêm acompanhados do despertar do interesse pelos meninos, de modo que faz diferença para ela se eles comentam sobre suas "pernas de macaco" ou sua "catinga de matar" só porque ela se esqueceu de usar desodorante. Ao mesmo tempo, há muita coisa divertida acontecendo — as coisinhas de menina, novas

---

O que dizem as minimulheres

Queria que meu pai entendesse que, quando estou menstruada, é mais difícil agir e me comportar de determinada maneira. Sei que ele sabe disso, mas não entende que, às vezes, não quero conversar com ninguém. Seria legal se ele não ficasse sempre me perguntando qual é o problema ou ficasse puxando conversa quando está na cara que eu não quero falar.

oportunidades nos esportes, e por aí afora — mas também há momentos em que as cólicas, as paixonites e as axilas peludas terminarão em lágrimas. É difícil entendermos tudo, mas faça um favor a si mesmo e tente ser compreensivo. Pode ser proveitoso para vocês dois saber que, assim como você, ela também não entende muitos desses altos e baixos.

A propósito, se sua filha lhe parecer emocionalmente menos madura na pré-adolescência do que antes, não é só impressão sua. Os hormônios a fazem sentir tudo de modo mais intenso, e é difícil controlar emoções desconhecidas. Imagine que você nunca tenha ficado bravo e, de repente, descubra que tudo, sem exceção, o tira do sério e, para melhorar, outros lhe digam: "Cara, vai com calma. Você não tem mais idade pra agir desse jeito". Você teria vontade de nocautear alguém. É o que acontece com sua filha, mas, em vez de ela sair distribuindo murros, é mais provável que desate a chorar, que o acuse de *não* entendê-la de jeito *nenhum*, que bata a porta ou que se odeie. Ou todos os itens anteriores. Não necessariamente nessa ordem.

> ### O que dizem as minimulheres
> Queria que meu pai entendesse que, quando fecho a porta do quarto, não é porque quero me isolar e ser antissocial. É só porque quero ficar sozinha um tempo.

A parte que tem a ver com a tentativa de entender quem ela é

Mesmo que sua filha não seja supersensível aos hormônios, está na pré-adolescência, encarando mudanças cada vez maiores à medida que se aproxima dos 13 anos. Não diz, de forma consciente: "Caramba, preciso me preparar mentalmente para minha adolescência", mas é isso que está acontecendo. Aquelas horas que ela passa no quarto, toda meditativa, não significam que está deprimida, assim como os acessos de energia e otimismo não indicam que é bipolar. Está apenas experimentando diferentes personalidades e comportamentos, fazendo um *test drive* em tudo aquilo que está descobrindo.

Quanto às lágrimas, elas não são sinal de que sua filha seja melodramática. Por vezes, ela só está com medo de não conseguir lidar com o mundo que tem pela frente. Cara, tem horas em que *eu* me sinto assim. É bom saber, porém, que não há como você resolver tudo isso para que ela volte a ser com antes. Aquela menininha não existe mais; está sendo substituída por uma moça. Pode ser ainda mais difícil se, antes, ela era a princesinha do papai e se você era seu herói infalível, enquanto agora ela declara "Você não entende" e sai pisando duro e chorando. Lembre-se de que essas pequenas erupções não tem nada a ver com você. Tem a ver, sim, com sua filha tentar se descobrir agora que ela sabe que você erra (tipo, você não a entende melhor que ela entende a si mesma).

As reações de sua filha dependem, em parte considerável, do estilo emocional dela. Pode ser do tipo de que guarda tudo, medita e reflete sobre as coisas no quarto ou no banco de trás do carro. É fácil confundir seu silêncio taciturno com falta de educação (tudo bem que, às vezes, é falta de educação mesmo, mas vamos tratar disso adiante) ou identificar se ela está sendo desrespeitosa, ainda mais quando essas fases são pontuadas por períodos mais alegres de bom humor. Esse tumulto interior pode ser extremamente desgastante para ela.

Em contrapartida, talvez sua pré-adolescente seja do tipo que explode e divide seu momento emocional com todos ao redor. De vez em quando, o vulcão Marijean entrava em erupção lá em casa e soltava tudo o que a havia irritado a semana inteira. Eu pensava: "Que gênio intratável é esse?". Como dizia minha irmã sobre sua filha pré-adolescente: "Minha bebezinha meiga se transformou em um diabo-da-tasmânia". Esse tumulto exterior pode ser desgastante para *você*.

Não obstante o modo como sua filha se expresse, ela está se esforçando para desenvolver autonomia. Embora seja isso que você queira para ela, por ironia representa tudo o que a impede de alcançar a independência que ela deseja no momento, mas para a qual ainda não está preparada. Isso explica o retraimento, as acusações exageradas e as declarações repetidas do quanto você é horrível. Expressões do tipo "você sempre" e "você nunca" são empunhadas como armas, o que não significa que deva deixá-la mirar em você e atirar. Falaremos mais sobre essa questão num capítulo adiante. Mas só para sua informação, você não é um fracasso como pai, e ela não é uma causa perdida como filha só porque perde as estribeiras de vez em quando.

> **O que dizem as minimulheres**
>
> O que eu queria... Bom, às vezes, queria que os outros não zoassem comigo, mas também tem dias que só quero rir. Queria que meu pai entendesse a diferença.

A parte que tem a ver com ela testar você

Em várias ocasiões durante a pré-adolescência de Marijean, me lembrei de quando ela era garotinha, com cerca de 1 ano e meio, subindo no piso da lareira e olhando por cima do ombro para ver se eu iria mandar que descesse de lá. Quando, aos 9 anos, ela testava meus limites, não estava fazendo nada de diferente. Só era mais engraçadinha de fraldas.

A ideia é a mesma. Como na primeira infância, agora sua filha se encontra numa fase em que está adquirindo nova consciência de si mesma. Quando era pequena, descobriu que, com passinhos vacilantes, podia se afastar de você e dizer "não". Agora sabe dizer mais que "não". Talvez interprete os limites que você define (por mais razoáveis que sejam) como "Você não confia em mim", "Acha que eu ainda sou uma bebezinha", "Não acredita em mim".

Só aí você já tem um bocado de coisas com as quais lidar. Além disso, como mencionamos anteriormente, hoje as crianças sofrem pressão para crescer rápido demais, e a transição da pré-adolescência para a adolescência é assustadoramente curta. Antigamente, tínhamos o ensino primário, depois do qual o aluno passava para o ginásio e, só então, para o colegial. Agora, os alunos passam do ensino fundamental para o ensino médio aos 14 anos de idade. E o que é pior, em muitas escolas, alunos do segundo ciclo do ensino fundamental, com 11, 12 e 13 anos, convivem com as turmas do ensino médio. Portanto, crianças que estão entrando na puberdade se deparam nos corredores com rapazes que já começaram a fazer a barba. Os mais jovens são forçados a assumir uma atitude mais sofisticada só para sobreviver.

Isso sem contar como a internet, os comerciais de televisão voltados para pré--adolescentes e os jovens nada exemplares os expõem a sexo, drogas e pressão dos colegas antes mesmo de entrarem no segundo ciclo do ensino fundamental. Como uma menina de 9 ou 10 anos poderá encontrar o cerne de sua identidade se pensa que precisa imitar essas minideusas do sexo? Sem dúvida o processo envolverá certa dose de angústia.

Há tantas mudanças acontecendo na vida de sua filha que, por vezes, ela o testará para se certificar de que *você* é o mesmo. Será que irá colocá-la em seu devido lugar se ela lhe der uma resposta malcriada? Continuará a providenciar para que ela se alimente de modo correto e durma o suficiente? Ainda se preocupará com as notas, a atitude e o espírito esportivo dela? É bem possível que ela

---

O que dizem as minimulheres

Acho que meu pai tem noção de que estou sempre agindo de um jeito estranho por causa dos hormônios. Mas, em vez de me ajudar, conversando sobre isso quando eu não sei o que eu quero, ele só diz: "Seja madura, só uma vez" ou então grita comigo. Ele não entende meu cérebro feminino e minhas necessidades. Por isso, não conto meus sentimentos pra ele.

não chegue para você e pergunte. Provavelmente irá testar seus limites até você tomar uma atitude firme. Ainda assim, talvez faça beiço e vá se trancar no quarto, mas ficará aliviada, embora não demonstre.

Tudo isso é normal para uma pré-adolescente. Seu desafio como pai é: (a) entender o que está acontecendo; e (b) orientá-la durante o processo. Não quer dizer que você precisa aturar desrespeito ou grosseria. Uma coisa é sentir compaixão por ela em meio a essas experiências. Outra, bem diferente, é deixar que ela se transforme numa bruxa malvada. Certos comportamentos, embora comuns em pré-adolescentes, precisam ser corrigidos:

> **O que dizem as minimulheres**
>
> Meu pai com certeza me dá espaço pra ser autêntica, exceto quando eu penso que estou "sendo autêntica", mas, na verdade, estou fazendo algo errado.

- Dizer: "Eu te odeio!".
- Gritar: "Por que você não me deixa em paz?".
- Bater a porta na sua cara.
- Dar as costas para você e sair resmungando.
- Fazer pouco caso de você com um "tanto faz", um "até parece" ou um revirar de olhos que não seja feito por brincadeira (lembra-se daquele pai que precisava de um manual para entender o que significa cada revirar de olhos?).
- Ser intencionalmente maldosa com os irmãos.
- Desconsiderar ostensivamente as regras da casa.

Essas atitudes não são parte aceitável do universo pré-adolescente. Quando são usadas por sua filha para testá-lo, você não pode se dar ao luxo de ser reprovado, pois, do contrário, os próximos oito a dez anos da vida dela (ou mais) serão um inferno para você. E, sem dúvida, para ela também.

> Marijean nunca demonstrou comportamentos muito agressivos, mas desenvolveu um sério problema de atitude aos 10 anos. Nancy e eu estávamos passando por uma fase difícil, o que, obviamente, gerou em nossa filha uma ansiedade com a qual não sabia lidar. Para me mostrar isso, ela começou a andar com uma menina da vizinhança, uns dois anos mais velha, cheia de caras e bocas, que jogava o cabelo para trás e vivia suspirando. Deixei quieto. Mas, no dia em que as duas invadiram a casa de nossos vizinhos enquanto eles estavam fora, percebi que eu estava perdendo território rapidamente. Tratei da questão sem demora, mas se tivesse prestado atenção mais cedo à rebeldia e tomado providências,

64 Manual para pais de garotas descoladas

poderia ter evitado que arrombassem uma casa. Conseguimos evitar problemas futuros ao dar mais atenção para os comportamentos rebeldes e tratar deles. Em resumo, certos comportamentos não fazem parte do "jeito de ser" de ninguém, e você não precisa aturá-los.

Aprendendo com o Mestre

A maioria dos pais gosta destes versículos de Efésios:

> Filhos, obedeçam a seus pais no Senhor, pois isso é justo. "Honra teu pai e tua mãe" — este é o primeiro mandamento com promessa — "para que tudo te corra bem e tenhas longa vida sobre a terra".

Efésios 6.1-3

Mesmo aqueles que não têm o hábito de jogar versículos das Escrituras na cara dos filhos conhecem esta passagem e concordam, com todo o entusiasmo, quando a ouvem. "Façam o que seus pais mandam". É isso aí!

Mas como a maioria das passagens que tiramos do contexto, esta é alvo de interpretações seriamente equivocadas. Outro concorrente nesse quesito é Efésios 5.22: "Mulheres sujeite-se cada uma a seu marido, como ao Senhor". Pais/maridos em particular costumam parar aí, sem ler a outra metade da instrução. "Maridos, ame cada um a sua mulher, assim como Cristo amou a igreja e entregou-se por ela" (v. 25); e, mais relevante para nossa questão: "Pais, não irritem seus filhos; antes criem-nos segundo a instrução e o conselho do Senhor".

Pelo menos quando sua filha pré-adolescente se irritar, é certo que você ficará sabendo. Graças aos hormônios, à pressão dos colegas e às expectativas da sociedade, ela vive prestes a explodir, e qualquer frustração que sentir em relação a você, pai, ficará absolutamente evidente. Você saberá, sem sombra de dúvida, que não está criando sua filha segundo a instrução e o conselho do Senhor, mas, sim, deixando-a maluca.

Portanto, procure entender o seguinte: se você deseja que sua filha lhe obedeça, se espera que honre você e a mãe dela, se deseja que ela tenha uma vida longa

---

O que dizem as minimulheres

Queria que meu pai me ouvisse quando digo: "Não faça nada para me irritar hoje. Por favor". Ele sempre quer saber o motivo e aí geralmente as coisas só pioram.

O que dizem as minimulheres

Honrar é uma tarefa difícil.

Daqui a pouco ela desanda a chorar **65**

(ou seja, que sobreviva à infância), o melhor a fazer é aprender o conselho do Senhor e transmiti-lo à sua menina. Jesus não foi pai aqui na terra, mas representou o Pai das seguintes maneiras que você pode imitar ao se relacionar com sua filha.

1. *Compreensão plena das pessoas com as quais lidava.* Esperamos que este livro seja um começo. O resto é resultado de passar tempo com sua filha. Um bocado de tempo.

2. *Compaixão.* O discurso de Jesus não era: "Estou aqui para colocar todo mundo na linha", mas, sim: "Sei de suas lutas e, com todo o amor, vou ajudá-lo a passar por elas".

3. *Paciência.* Em grau apropriado. Aquela história toda de "raça de víboras" tinha como alvo os fariseus, coisa que sua filha não é. Quando Jesus ficou impaciente com os discípulos, foi porque havia feito de tudo antes de sua morte, mas ainda assim continuavam sem entendê-lo. Jesus, porém, morreu por eles. Isso é paciência.

4. *Honestidade total.* Ele não fez rodeios nem dourou a pílula, embora nunca tenha falado de modo crítico ou julgador (exceto no caso dos fariseus mencionados acima,

> **O que dizem as minimulheres**
>
> Eu fico irritada quando meu pai zoa comigo e depois diz: "É minha função". Aiêêê!

com os quais sua filha não tem absolutamente nenhuma semelhança). As pessoas sabiam onde estavam em sua relação com ele: sob a luz de seu amor.

5. *Amor incondicional.* Mesmo quando Jesus disse: "Pedro, você é um tapado", nunca houve dúvida de que ele entregaria a vida por seu amigo, não obstante o que Pedro fizesse. Ele não recorreu a greves de silêncio como castigo nem deu qualquer sinal de que não valia a pena dedicar seu tempo a eles, ou que tinha coisas mais importantes a fazer do que reconfortá-los. E, ao que parece, não importava o que ele estivesse fazendo, qualquer criança num raio de cem metros ia parar no colo dele.

Você não é Jesus. Mas, se estiver pelo menos tentando seguir o exemplo dele, não "irritará" sua filha. Precisa de mais detalhes? Continue a ler.

Na real

Abaixo, uma lista para você verificar rapidamente aquilo que talvez esteja irritando sua filha. Marque o que se aproxima de qualquer coisa que você tenha dito para sua pré-adolescente:

- "Ei, macaquinha". (Ou qualquer outro apelido pelo qual você a tenha chamado quando ela ainda achava divertido ter apelidos.)
- "Parabéns, desastrada. Essa parede acabou de brotar aí".
- "Se esse monte de sardas emendar uma na outra você vai ficar com um bronzeado incrível".
- "Seu bico tá arrastando no chão".
- "Olha lá. Vai começar a choradeira... Dito e feito".
- "O que essa lancha está fazendo no meio da sala? Ah, foi mal. É o seu sapato".
- "Deixe eu pegar um pouco do purê de batatas antes que a [insira aqui o nome de sua filha] coma tudo".
- "Você *não sabia* disso? Pensei que todo mundo soubesse".
- "Pode continuar falando. Me acorda quando chegar à parte que interessa".
- "Não precisa levar as coisas tão a sério. Eu tava só brincando".
- "Se você não aprender a aceitar uma gozação, sua vida vai ser complicada".

Sei que é tentador pegar no pé dela nessas áreas, especialmente quando são tão óbvias, mas acredite em mim: não vale a pena. Esses são os pontos nevrálgicos de sua filha, e ela já tem dificuldades suficientes com os MSARs, as MHMs (Meninas Horrivelmente Maldosas) e, num dia "daqueles", até com as melhores amigas. Seja a pessoa que ela sabe que não irá tirá-la do sério. Para isso, evite declarações como as que acabamos de mencionar. Em termos gerais:

1. *Procure entender por que você está tirando um barato dela.* Provavelmente é porque você é um cara, e é assim que os caras mostram para as meninas que se interessam por elas. Pensa que está demonstrando afeição, e ela pensa que você a considera desajeitada, feia e totalmente inepta. Os irmãos dela fazem gozações, e ela os ignora (pelo menos espera-se que sim). Os meninos na escola a cutucam, e ela revira os olhos. Você faz o mesmo, e ela se derrete numa poça de lágrimas. Para ela, você não é só mais um cara. É o papai.

O que dizem as minimulheres

Meu pai faz coisas que me irritam pra caramba, tipo, bagunçar meu cabelo quando estou me esforçando pra fazer lição. Ele acaba com a minha concentração, e peço pra ele parar, mas ele continua de propósito, só pra me encher. Ele acha que é divertido, mas estou falando sério, porque ele está criando um problema. Aí ele diz: "Por que você vive brava?".

---

2. *Brincadeiras gentis, daquelas que a fazem sorrir em vez de implodir, são divertidas.* Mas se aquilo que você considera uma brincadeira afetuosa a faz chorar, mesmo que você tenha achado graça, é porque tocou num ponto sensível. Em resumo, se não for divertido para ambas as partes, deixe quieto.

3. *Evite gozações que destaquem a inadequação dela em alguma área ou sua falta de conhecimento sobre um assunto que ela não tem obrigação nenhuma de saber.* Se ela está aprendendo esqui aquático, não tire um barato porque precisou fazer quinze tentativas antes de conseguir ficar em pé. Se não leva jeito para balé, não a chame de "Pezinhos Mágicos". Se tentou fazer um patê de atum e exagerou um pouco na maionese, não diga que ela é um perigo na cozinha. Ao fazer gozações desse tipo, você não a está ajudando a desenvolver uma "casca grossa". Está apenas ofendendo-a. Aliás, quem disse que ela precisa ter casca grossa?

4. *Não faça piadas sobre qualquer área na qual ela se sinta vulnerável.* Se, no momento, ela está um tanto rechonchuda ou se os seios apareceram da noite para o dia ou se tem dificuldade com qualquer coisa vagamente associada a esportes, esses assuntos são tabu. Não imagine que ela vai se tornar alguém que "não aceita piadas". Por que alguém deveria aceitar piadas insensíveis? Pode até ser que ela esteja se levando a sério demais ultimamente. Quando tudo deixar de ser tão intenso, isso passará. Por enquanto, não toque os pontos nevrálgicos.

5. *Esteja sempre pronto a rir com ela, mas nunca a rir dela.* Não fique neurótico porque ela tem dificuldade em rir de si mesma. Dê o exemplo rindo de *você* mesmo e deixe que ela decida o que é engraçado nela. Não se trata de pisar em ovos. Lembre-se de que seu objetivo não é torná-la insensível, mas, sim, permitir que ela se sinta à vontade consigo mesma.

6. *Eu sei que é difícil, mas nunca, em hipótese alguma, ria de sua filha se ela chorar porque alguém morreu num filme.* Para ela, é real e é uma forma de colocar para fora o conteúdo interior que nem ela entende. Essas lágrimas significam que ela tem sentimentos, que não é superficial.

7. *Se fizer besteira, peça perdão.* "Eu só tava brincando!" não conta como pedido de perdão. Quando ela desmoronar porque você disse que ela é tão leve e graciosa quanto uma jamanta, explique por que você diz coisas desse tipo. Como um pai disse para sua enteada de 12 anos: "Amo, logo tiro um barato". Diga que percebeu que a magoou e que sente muito, pois não era sua intenção.

Pergunte o que pode ser mudado. Parar com todas as gozações? Não fazer piadas sobre certos assuntos? Não tirar um barato na frente dos amigos dela? O acordo deve ser recíproco: se ela quiser chamar sua atenção por causa de alguma gozação, deve fazê-lo de modo respeitoso: "Pai, você prometeu, certo?", ou "Deixa quieto, pai". E trate-a com a mesma consideração.

Onde eu entro em cena?

Abolir totalmente as gozações não é fácil, pois esse tipo de brincadeira é natural para muitos homens. Exige, por enquanto, que você negue uma pequena parte de sua personalidade. As outras coisas que você pode fazer para ajudar sua pré-adolescente a passar pelas variações de humor são mais simples, pois têm tudo a ver com você. Enquanto a mãe dela provavelmente consegue se identificar mais com os altos e baixos, você, pelo simples fato de pertencer ao sexo masculino e de ser "O Papai", pode ajudá-la a identificar a origem dessas variações.

> **O que dizem as minimulheres**
>
> Tenho tentado de verdade controlar minhas emoções, em vez de gritar com meus irmãos e ser grossa com as pessoas. Mas, se estouro ou fico mal, meu pai me ajuda a encontrar o equilíbrio. Ele me consola e explica as emoções que estou sentindo naquele momento. Se não estou a fim de conversar, ele só me faz companhia. Se não sei como explicar o que estou sentindo, ele faz uma lista de emoções e indico pra ele qual delas estou sentindo. Daí ele explica tudo pra mim. Se não fosse por ele, não sei o que aconteceria.

Primeiro, ocupa o topo da lista de pessoas que sua filha ama. Ela ainda quer sua atenção individual. Anseia por ela. *Quer* que você ouça, entenda e respeite os sentimentos dela, mesmo que não seja capaz de expressá-los (normalmente não é). Portanto, quando você faz uma crítica, deixa de demonstrar afeto, faz pouco caso dos sentimentos dela ou fica impaciente com o modo como os expressa, sua atitude exerce grande impacto. Em outras palavras, você tem poder para guiá-la pelas águas tempestuosas ou afogá-la nelas.

O poder para guiar vem do fato de você, o pai, precisar de dez palavras ou menos para entender o que ela está sentindo. A melhor amiga dela, em contrapartida, precisa de três parágrafos que descrevam não apenas qual é o problema, mas a garantia de que ela é amada e de que as duas vão chegar a um acordo.[10] Logo, você é a pessoa perfeita para ajudá-la a entender suas emoções sem a interferência de elementos supérfluos.

A esta altura, talvez você esteja se perguntando: "Como vou fazer isso se ela não dá uma pausa em seu falatório para eu dizer uma palavra que seja?". Pois é, tem isso. O cérebro das meninas é organizado de modo a ter domínio verbal.[11] É o que elas fazem e, ao contrário de nós, primeiro elas falam e depois agem. Portanto, lembre-se do seguinte: diferente dos meninos, em geral as meninas não terminam de falar quando fecham a boca. Depois de dizerem tudo o que precisavam, normalmente começam a repetir.[12] Quando sua filha chegar a um ponto em que palavras continuam a sair de sua boca, mas não trazem informações novas, você pode interromper dizendo algo do tipo:

- "Você quer que eu apenas ouça, ou gostaria de receber sugestões?".
- "Dá para a gente fazer uma pausa para eu lhe perguntar uma coisa?".
- "Filha, eu não tenho como ajudá-la se você não me der oportunidade de falar".
- "É o seguinte: perdi o fio da meada. Que tal a gente voltar à primeira coisa que você disse e trabalhar com isso?".

Uma vez que conseguir a palavra, pode começar a ajudá-la a definir exatamente o que está sentindo e por quê. Algumas dicas a esse respeito:

1. *Não lhe passe um sermão*. Sua masculinidade vai querer aparecer. Em diálogos, os homens interrompem e fazem discursos com mais frequência que as mulheres,[13] mas não deixe isso acontecer.

Em vez de passar um sermão, *faça perguntas*. Será que isso é raiva? Você está superfrustrada com seu irmão no momento? Está com medo?

Uma vez que você identificar o que a está fazendo rosnar para todos os membros da família ou cair aos prantos debaixo dos cobertores, *não lhe diga o que ela "deve" sentir*. É comum dizermos: "Não é certo você se sentir assim", pois os sentimentos dela dificultam as coisas para *nós*. Se ela mudasse a forma de sentir, você poderia se livrar do drama todo e voltar a assistir à final do campeonato. Em se tratando de sentimentos, não há "deveres". Eles são o que são; então trabalhe a partir disso.

2. *Não proíba certos sentimentos*. É apropriado ela ficar desconsolada quando a melhor amiga muda de cidade. Por que não sentiria medo em sua primeira viagem sozinha ou antes da cirurgia para remover as amídalas? O que deve ser evitado a qualquer custo é a ideia de que "Se você fosse uma boa cristã, não estaria se sentindo desse jeito". Seguir a Cristo não significa deixar

de ser uma pessoa com sentimentos. Jesus não morreu para transformar todos nós em robôs. O problema — o que nos torna cristãos bons ou não tão bons assim — é a *forma* de expressarmos os sentimentos. Falaremos mais sobre isso daqui a pouco.

3. *Tome muito cuidado para não reprimir a raiva.* Quando um filho perde a calma por causa de alguma coisa, entendemos perfeitamente. Ficar bravo é coisa de homem. Aliás, expressamos por meio da raiva metade das emoções que sentimos. Tristeza, medo, frustração — tudo isso sai na forma de "Cara, eu tô uma fera!". Mas, quando nossa filha fica brava, pensamos que é necessário acalmá-la. Não consideramos "feminino" uma garota demonstrar raiva. Não queremos que nossas filhas se transformem em pequenas bruxas. Mas as meninas também sentem raiva, e com razão. Permita que sua filha fique brava quando esse sentimento surgir. Se ela achar que a raiva é um sentimento "mau", é bem provável que chegue à conclusão de que *ela* é "má". Reprimirá a raiva, acabará explodindo por causa de algo que não tem nada a ver e concluirá que é completamente doida. O fato é que a raiva dela, como a sua, é justificada. Mas, como muitas mulheres, pode ser que tenha dificuldade em expressar essa raiva para a pessoa com a qual está chateada por medo de perder o amor dela. A maioria dos homens não tem esse problema, de modo que cabe a você ensiná-la como expressar a raiva de forma apropriada. Sua filha certamente não se transformará numa "bruxa".

> ### O que dizem as minimulheres
>
> Queria que meu pai me entendesse melhor. Se fico chateada e vou para o meu quarto, ele me faz sair e diz que estou sendo imatura. Se não estou com fome, ele me obriga a comer.
>
> Queria que meu pai entendesse que, às vezes, preciso ir para o meu quarto e me afundar em autopiedade por um tempo, e que não preciso sempre de orientação. Tipo, não passo o dia inteiro morrendo de pena de mim mesma, mas preciso de um tempo no meu quarto para lidar com as coisas.

4. Quando sentar para conversar, *comunique-se cara a cara, literalmente.* Os homens preferem conversar sentados lado a lado. Para você, encarar sua filha pode parecer hostil, mas, para uma menina, é sinal de atenção total.

Com essas diretrizes em mente, você poderá lidar com três desafios ligados às variações de humor que pais de pré-adolescentes precisam encarar com frequência. E, ao longo desse processo, poderá influenciar de forma considerável o desenvolvimento emocional de sua filha.

Desafio nº 1: Manter as linhas de comunicação abertas
Embora você seja o candidato mais óbvio para ajudar sua filha a decifrar essa confusão de sentimentos, e apesar daquilo que dissemos sobre quanto ela *quer* sua atenção e preocupação com o estado emocional dela, por vezes ela agirá como se você fosse *persona non grata* e irá se refugiar no quarto. Esses são os momentos difíceis, pois não há como saber ao certo se ela quer mesmo refletir sozinha, o que é sinal de maturidade, ou se quer que você a siga, bata à porta e insista em conversar.

Não existem regras fixas a esse respeito. Procure se mostrar disponível, mas não invasivo. Se você lhe disser com frequência que está à disposição quando ela precisar conversar e *estiver*, de fato, quando ela o procurar, é mais provável que ela o faça. Especialmente se você não der uma de pé-de-cabra quando ela se fechar em sua ostra.

Cara, não diga uma coisa dessas...

- "Não vamos sair daqui enquanto você não me disser qual é o problema".
- "Chega de drama. O que tá acontecendo?".
- "Desembucha, garota. Aqui a gente não tem segredos".
- "Ok, para de chorar e comece a falar".

Desafio nº 2: Manter as boas maneiras
Mencionamos essa questão anteriormente, mas vale a pena tratá-la em mais detalhes, pois ouvimos muitos pais comentarem como suas filhas se tornam desagradáveis durante algumas variações de humor. Insultam, gritam, xingam e jogam objetos. E tanto Nancy como eu sempre ficamos admirados quando um pai ou uma mãe diz: "Não sei como minha filha ficou desse jeito".

Não foi graças a um acaso genético. A menos que ela sofra de algum distúrbio mental ou esteja reagindo a um trauma de infância, duas situações das quais você estaria ciente, ela é bocuda e explosiva porque tem espaço para isso. Obstinada, extrovertida, intensa: essas são características inatas. Desrespeitosa, indiferente aos sentimentos de outros, grosseira, arrogante: esses são comportamentos permitidos que precisam e podem ser "*des*permitidos".

E saiba que essa não é uma crítica à sua forma de educar sua filha. É possível que ela fosse uma garotinha absolutamente adorável até chegar à puberdade. E pode ser que agora você esteja remando contra a correnteza feito louco a fim de não ficar para trás. Ou quem sabe fosse uma gracinha ela sempre ter uma resposta na ponta da língua quando era pequena, mas agora se tornou tão bocuda que você não consegue suportar. Ou talvez você imagine que esse tipo de comportamento é normal na pré-adolescência e que passará com o tempo. *Não é normal e é bem provável que não* passe.

O que fazer, então? Declarar uma ditadura? Pôr ordem na bagunça e acertar as contas com quem a causou?

1. *Não diga para si mesmo que é tarde demais.* Aos 9, 10, 11 ou 12 anos, a insolência dela não chegou a um ponto sem retorno, do qual você não tem mais como resgatá-la. Na verdade, é isso que ela quer que você faça. É sério. Ninguém é feliz quando está sempre de mau humor, agredindo todos ao redor. Quando você exigir respeito, talvez ela aja como se você estivesse acabando com a vida dela, mas essa não é uma reação autêntica. É uma encenação. A comediante Carol Burnett declarou certa vez, quando passava por uma fase difícil com sua filha: "Há ocasiões em que precisamos amar nossos filhos o suficiente para eles nos odiarem por algum tempo".

2. *Diga com todas as letras que você não aceitará insultos verbais.* Essa declaração deve vir antes de qualquer punição. Embora muitas pré-adolescentes testem-na, algumas tomarão jeito de imediato só de ouvi-la, como se estivessem só esperando você dizer alguma coisa. Seja específico a respeito daquilo que não será tolerado. (Veja a lista no início deste capítulo, na seção "O negócio é o seguinte", item "A parte que tem a ver com ela testar você"). Seja firme e educado, e não ameaçador. Você está apenas declarando um fato que não se encontra aberto para discussão. Ponto final.

3. *Defina de antemão quais serão as consequências caso ela demonstre esse comportamento e cumpra o que prometer.* Não deixá-la usar a internet, proibi-la de participar de atividades das quais gosta e cancelar a visita de amigas são consequências eficazes. O castigo físico não é. Quanto a gritar com ela, nem sequer é uma punição, mas algo que ela irá aguentar até que você se canse. Lá pela

metade de seu sermão ela não estará mais prestando atenção. Estará olhando para as veias saltadas em seu pescoço enquanto você tem permissão para se esgoelar e esbravejar, e ela não.

A propósito, se você quer que ela deixe de insultá-lo verbalmente, não faça o mesmo com ela. É, eu sei que você é o pai e ela é a filha, mas, neste caso, você dará um exemplo que ela certamente imitará. Se a xingar e esbravejar com ela, não poderá esperar que ela expresse a raiva de qualquer outra maneira. *Pais, não irritem seus filhos...*

Se ela quebrar as regras e explodir, *não perca a cabeça, ainda que você tenha vontade de pegar um dos chinelos dela e usá-lo para lhe dar uma surra.* Este é um bom momento para falar sobre disciplina física. É a pior maneira de lidar com sua filha. Com relação a isso, temos outra passagem das Escrituras

> ### O que dizem as minimulheres
>
> Às vezes meu pai é superlegal. Mas ele grita muito. O temperamento dele é tipo uma panela de água no fogo, que a gente nunca sabe quando vai ferver. Acho que meu pai é um covarde e tenta esconder isso gritando. Só que ele não sabe como me sinto quando ele grita ou quantas vezes ele já me fez chorar.

extremamente mal utilizada: "O que retém a vara aborrece a seu filho" (Pv 13.24, RA). Isso não significa pegar uma vara e espancar seu filho. A "vara" em questão é o instrumento que o pastor usa para guiar gentilmente seu rebanho; daí o salmo 23 e a imagem de Jesus como Bom Pastor. O pastor nunca bate em suas ovelhas.

Além do mais, que tipo de mensagem você transmitirá à sua filha se bater nela ou lhe der um tapa? Que não há nada de errado em alguém que a ama, especialmente um homem, bater nela? E pode esquecer a história de "dói mais em mim que em você". Se fosse verdade, você não o faria. Essa é uma forma de dar vazão à sua própria raiva e, como resultado, sua filha irá se ressentir, exatamente o que você deseja evitar, ou se convencerá de que um homem mais forte que ela tem o direito de agredi-la quando perde a paciência.

Respire bem fundo e, com toda a calma possível, diga que ela pisou na bola e terá de arcar com as consequências. Estas devem ser impostas de imediato, sem discussões nem negociações. Se ela tiver um acesso de birra, peça para se controlar. Quando ela se acalmar, conversem sobre o que causou a crise. As consequências, porém, continuam a valer.

4. *Espere um pedido de perdão.* Exigir que ela peça perdão ou aceitar um "Tá bom, foi mal" acompanhado de um revirar de olhos não mudará

comportamentos futuros. Para conseguir que ela se desculpe sinceramente: (a) peça desculpas para ela quando *você* errar; e (b) aceite um pedido de perdão honesto com um abraço e sem futuras discussões sobre o assunto, a menos que ela tenha perguntas. Considere o que aconteceu como águas passadas.

Desafio nº 3: Evitar que uma diferença de opiniões se transforme numa briga

Sem dúvida, as coisas eram mais fáceis no tempo em que tudo o que você dizia era lei. Talvez você seja sortudo e tenha uma filha assim; não foi o meu caso. Marijean discutia comigo antes mesmo de aprender a falar. Ela me apontava o dedinho, enrugava a testa e me passava um sermão em sua linguagem não verbal. Felizmente eu não entendia nada, mas sabia que ela não estava nada satisfeita comigo.

Portanto, sei do que estou falando quando digo que sua filha pré-adolescente começará a ter opiniões próprias caso ainda não tenha, e que *é* possível discutir essas opiniões com ela sem perder as estribeiras. Tive de aprender isso do modo mais difícil. Marijean chegava em casa com uma "informação" ridícula, obtida de alguma amiga que supostamente sabia tudo, e eu rebatia: "Como assim?" ou "Onde você ouviu uma coisa dessa?". Ela ficava defensiva, e eu argumentava com ainda mais intensidade, tentando deixar claro que ela não sabia nada sobre o assunto. As discussões normalmente aconteciam durante o jantar, o que talvez explique uns 50% das ocasiões em que ela saiu da mesa e foi chorando para o quarto. Eu pensava que a estava poupando de fazer papel de tonta, e ela pensava que eu a considerava, de fato, uma tonta. Em retrospectiva, gostaria de ter prestado mais atenção nos olhares faiscantes de Nancy nessas horas. O que eu teria feito de modo diferente? Ou melhor, o que *aprendi* a fazer de modo diferente... depois de algum tempo?

1. *Considere as ideias de sua filha válidas, mesmo que não concorde com elas.* "Entendo que você pense desse modo, mas...", "Nunca tinha ouvido isso" ou mesmo uma expressão de interesse como "Verdade?". Ela precisa saber que não há nada de errado em ter suas próprias opiniões. Deixe para lá essa história de ser a autoridade inquestionável em todos os assuntos, pois só complicará as coisas para você.

2. *Faça perguntas sobre as ideias que ela apresentar.* Gosto demais desta colocação de Amy Lynch, especialista na Geração Y: "Perguntas são lombadas para

controlar a velocidade na estrada que conduz à colisão verbal".[14] Dizer "Você pode explicar melhor isso?" mostra para sua filha que você está interessado no ponto de vista dela e quer interagir. Fazer perguntas também o obriga a desacelerar e evita que você reaja de forma exagerada. Claro que é preciso ter cuidado com aquilo que você pergunta. "Onde foi que você ouviu um absurdo *desse*?" não é, de fato, um questionamento. É um ataque à inteligência dela. Tudo bem que ela está apenas começando a aprender a formar opiniões com base em informações, mas levá-la a imaginar que não passa de uma cabeça de vento não a ensinará como fazê-lo.

3. *Ajude-a a explicar suas opiniões.* Aprendi isso com Nancy. Ela dizia: "Dê mais detalhes, Marijean" e, à medida que o relato se desdobrava, eu entendia como Marijean havia formado aquela opinião, coisa que não acontecia quando eu dizia logo de cara que sua ideia era ridícula. Também nesse caso, é proveitoso fazer perguntas e repetir, de modo mais ordenado, a ideia que ela acabou de expor: "Se entendi bem, você está dizendo que...". Conheço um pai que diz para a filha: "Vamos combinar o seguinte: você me conta o que sabe e depois eu conto o que sei. Justo?". Da próxima vez, ela saberá como se expressar com mais clareza, pois você lhe mostrou como ser mais clara.

4. *Demonstre respeito pelas diferenças entre vocês.* Fale sério: você precisa mesmo sair por cima em todas as discussões? Será que é necessário que alguém vença e alguém perca? Compartilhar ideias é mais importante que declarar quem está certo e quem está errado. Se as opiniões dela forem perigosas (se, por exemplo, ela ouviu dizer que não há nada de errado em usar drogas), esclareça a questão, mas sem deixar implícito que ela é uma idiota por não ter sequer considerado essa possibilidade. Se, contudo, ela acha que os Jonas Brothers são lindos de morrer e, em sua opinião, eles não passam de um bando de bobalhões, para que impor seu ponto de vista até fazer a menina chorar? Sua filha está no processo de descobrir quem ela é — e ela *não* é você.

5. *Pelo amor de qualquer coisa, não deixe de ser afetuoso só porque ela discorda de você.* Fazer greve de silêncio ou ser ríspido com ela a fará imaginar que fez algo de errado. Pior ainda, ela concluirá que ter opinião própria e discordar (ou seja, crescer), é algo ruim. Você quer mesmo que ela deixe de lhe expressar suas ideias e seus sentimentos só para não correr o risco de perder seu afeto? Talvez pareça ridículo, mas é o que passa pela cabeça dela. Mesmo que você troque os pés pelas mãos durante a conversa, antes de terminar, diga para sua filha

que a ama. Faça-o mesmo que ela se mostre indiferente. Seja a parte adulta do diálogo.

Senhor, preencha a lacuna

Pai, o humor de minha filha é como uma montanha russa cheia de altos e baixos, e parece que estamos sempre desencontrados. Por favor, preencha a lacuna entre aquilo que ela precisa nesses momentos e o que tenho a oferecer para ajudá-la. Não tenho como fazê-lo sozinho. Conto com sua ajuda, Pai.

Amém.

4 Precisamos de mais um banheiro

O que foi isso?

Você está pendurado na escada, pintando o teto da sala, quando sua esposa e sua filha voltam das compras. Você ouve risinhos e percebe que está ficando cada vez mais difícil distinguir entre as risadinhas da mãe e da filha. Também ouve o barulho de sacolas e procura não pensar no tamanho do rombo que o banho de loja deixou na conta bancária.

Uma porta se fecha no corredor, abafando apenas parcialmente o riso, os sussurros e o farfalhar de papel de seda. Papel de seda? Péssimo sinal. Só as lojas mais caras embrulham os produtos em papel de seda. Você lembra que deve se mostrar devidamente impressionado quando sua esposa fizer o costumeiro desfile de moda pós-*shopping*, e só pedir os recibos do cartão de crédito depois que ela terminar.

Mergulha o pincel na tinta e volta a se concentrar no trabalho, mas pouco depois

> ### O que dizem as minimulheres
> Acho que meu pai me considera bonita, mas ele não demonstra. Às vezes, queria que ele dissesse isso claramente.

a porta abre novamente e você ouve passos rápidos no corredor. Quando começa a registrar na mente que os passos são de sua filha, e não de sua esposa, sua menina pergunta:

— Que tal, pai?

Você olha de relance por baixo do braço enquanto ela rodopia, sobre a lona respingada de tinta, etiquetas esvoaçando. Ah, quer dizer que a compra foi para *ela*. Roupas de criança são mais baratas, não?

Você sorri e, com um movimento preciso, arrasta o pincel pela beirada do teto.

— Parece minha princesinha — você diz automaticamente.

— Pai-ê!

Você reprime um suspiro e olha para baixo, onde ela está parada, as mãos nos quadris.

— Eu não sou mais uma princesinha.

— Para mim ainda é... — você começa a dizer. Então dá mais uma espiada — ou melhor, olha pela primeira vez com atenção — para o traje que ela está desfilando. *Leggings* pretas com uma minissaia *jeans* por cima. Blusa roxa, colada ao corpo como uma segunda pele, e um lenço em volta do pescoço. Ela tem razão. Não parece uma princesinha.

— E por que não é cor-de-rosa? — você pergunta.

— Fala sério, né, pai!

— Você sempre usa cor-de-rosa.

— *Usava* — ela solta as mãos ao lado do corpo e olha para você, cheia de expectativa.

Você sabe que precisa dizer alguma coisa e que tem de ser a coisa certa. Está prestes a comentar que é bom vê-la usando calças debaixo daquela saia minúscula quando olha para os pés dela.

— É um sapato de *salto?*

— Saltinho baixo.

A lembrança do tombo que ela tomou pouco tempo atrás, no meio da cozinha, depois de tropeçar nos próprios pés, passa por sua mente.

— Você consegue andar com isso?

— Claro que sim.

Você nota o esforço dela para não revirar os olhos enquanto dá meia-volta e caminha graciosamente sobre a lona, desviando das latas de tinta. Desde quando sua menina tem quadris? E onde foi que ela aprendeu a balançá-los desse jeito?

Ela dá meia-volta novamente e você é pego de surpresa por um vislumbre repentino do futuro. Em sua perplexidade diante do que tudo isso significa, nem se importa mais com o preço das roupas. Até você entender o que está acontecendo, decide recorrer a um comentário que quase sempre funciona.

— Pode parar — você diz. — Pare de crescer agora mesmo.

E abre um sorriso. Ela não retribui. A decepção nos olhos dela o faz sentir vontade de enfiar a cabeça dentro da lata de tinta.

• • •

Apesar de sabermos, pelo menos teoricamente, que as meninas crescem e se transformam em mulheres, vivemos em negação. Quando sua filha começa a se interessar pela própria aparência, e quando essa aparência começa a mudar, tipo, da noite para o dia, não é nada fácil continuar a crer que ela será sempre sua princesinha ou sua molequinha com rabo de cavalo ou, no meu caso, sua pequena sonhadora, perdida no mundo da imaginação.

É difícil não reparar o momento em que o cabelo dela se torna um problema ou quando uma passada na loja só para comprar algumas camisetas parece mais a aquisição de um imóvel. Não há como negar que sua filha está se transformando numa minimulher quando você pega o irmão dela gritando do lado de fora do banheiro enquanto ela está trancada lá dentro fazendo seja-lá-o-que-for que as mulheres passam uma hora fazendo quando saem do

> **O que dizem as minimulheres**
> Meu pai diz que eu sou linda, e eu acredito nele.

banho. Você pode explicar para seu filho que se trata de um mistério da humanidade e que não adianta tentar desvendá-lo, mas *você* precisa entender: (a) o que torna esse momento tão importante para sua filha no processo de desenvolvimento da autoimagem; e (b) qual é sua parte nesse processo.

O negócio é o seguinte

Antes de começar, precisamos deixar claro que o conceito de sua filha acerca da própria aparência *é* algo importante. O maior erro que você pode cometer nessa área é dizer para ela que *a única* coisa que importa é o conteúdo, e que não deve dar *nenhuma* ênfase à aparência física. Fala sério!

Neste capítulo, dedicaremos algum tempo à questão da beleza interior. Não há como escapar disso, pois o que alguém é "por dentro" exerce grande impacto sobre sua atração "por fora". E a imagem que a menina tem de sua beleza exterior afeta seu comportamento interior. Mas, por ora, coloque de lado todo impulso que você tenha de dizer: "Não quero saber dessa história de beleza. Quero apenas que ela desenvolva um bom caráter", e entenda o contexto de sua filha a fim de estar preparado para ajudá-la a lidar com as questões de caráter *e* de beleza.

A autoimagem de sua filha é influenciada por três elementos.

Elemento nº 1: O que ocorre naturalmente

Ninguém diz a uma menina de 8 anos para se olhar no espelho e se perguntar se é bonita (aliás, isso explica parte daquelas horas que ela gasta no banheiro depois do banho). Uma garota de 9 anos não tem um manual que a instrui a experimentar a maquiagem da mãe para imaginar qual será sua aparência no futuro. Com certeza, ninguém avisa uma menina de 11 anos que é necessário ter um piripaque quando descobre espinhas no queixo. Tudo isso vem com o pacote do sexo feminino, embora ocorra em graus variados, de acordo com a personalidade de cada menina. Ela não está obcecada consigo mesma. Não está tentando pular direto da infância para a vida adulta. Não está destinada a se tornar uma peruinha. Está apenas sendo menina. Veja o que é normal na pré-adolescência.

1. *Interesse irregular pela própria aparência.* Ela passa uma tarde inteira limpando o armário e experimentando roupas. No dia seguinte, volta aos moletons e tênis e vai jogar basquete com os irmãos. Ela implora para ir à igreja com sapatilhas estilo bailarina porque vão combinar perfeitamente com seu traje, mas depois do culto você a vê descalça, correndo por entre os bancos. Ela não pode viver mais um dia sem uma pulseira de brilhantes igual à de suas amigas, mas a usa com camiseta e *shorts*. Tudo isso é bom sinal; ela está procurando descobrir como ser atraente e, ao mesmo tempo, ter personalidade própria. Não tente acompanhar as mudanças todas.

E não se preocupe se sua filha não se transformar numa garota superfeminina. Pode ser que ela não dê a mínima para o penteado e passe pelas lojas de roupas sem ao menos dar uma espiada na vitrine. Mas, se você prestar atenção, verá que ela gosta de ter o tipo certo de tênis ou que o número de camisetas favoritas dobrou. Até as mais molecas gostam de ter uma boa aparência.

2. *Aumento no tempo que leva para se aprontar antes de sair.* Antigamente, sua esposa precisava amarrar sua filha para conseguir escovar o cabelo dela. Agora, é sua filha que ainda está ajeitando o rabo de cavalo enquanto você já está com o carro ligado. É preciso escolher um traje (e, quem sabe, trocar uma ou duas vezes), colocar os itens necessários dentro da bolsa e domar os cabelos rebeldes. Quando ela entrar no final da pré-adolescência e começar a depilar as pernas, talvez usar brilho labial e, possivelmente, pomada para espinhas microscópicas, pode ser que você tenha vontade de arrancar os cabelos, caso ainda lhe reste algum. Como um pai comentou: "É mil vezes mais fácil sair de casa com meninos".

3. *Desentendimentos ocasionais com a mãe a respeito da aparência.* Dizer "Agora eu odeio cor-de-rosa", só porque a mãe sugeriu que ela vestisse uma roupa dessa cor, serve para diferenciá-la de todas as outras pessoas. Não se trata

de contradição consciente; ela só está tentando descobrir exatamente quem ela é, e seus gostos fazem parte desse processo.

Também é garantido que surgirão diferenças de opinião a respeito do que é apropriado. Nancy sempre gostou de se arrumar quando a ocasião pede algo mais sofisticado. Nossa filha, nem tanto. Lembro-me de uma noite, quando Marijean tinha 11 anos, e Nancy ia levá-la para assistir a uma apresentação de balé. Marijean estava toda empolgada, até Nancy lhe dizer que precisaria usar vestido. Seguiu-se uma batalha que se transformou num impasse. Marijean se recusava a ir de vestido; Nancy se recusava a levá-la se usasse outra roupa. Minha esperança era que ninguém tivesse a ideia de me levar no lugar de Marijean.

Acrescente a isso as discussões envolvendo o famoso "todo mundo usa essa roupa" e você terá os ingredientes necessários para um campeonato mundial de luta livre. E como disse antes, só porque discutir sobre roupas, maquiagem (maquiagem?!) e cortes de cabelo é uma forma normal de testar os limites, não significa que você deve dar de ombros e esperar que ela passe dessa fase com o tempo. Falaremos sobre como você pode servir de árbitro, ou, melhor ainda, evitar reprises diárias desses embates. Saiba, porém, que sua filha não vai acabar num centro de detenção para menores de idade só porque discute com a mãe sobre o comprimento da saia.

4. *Certa medida de autodepreciação.* Não se preocupe se a autoimagem de sua filha nem sempre for positiva. Você conhece alguma mulher que está completamente satisfeita com sua aparência 24 horas por dia, 7 dias por semana? Espere autocríticas a respeito de coisas que você não consegue enxergar mesmo depois de ela lhe mostrar: cabelo com *frizz* (não costumavam chamar de "cachos"?), as unhas mais horríveis de todo o planeta (ela viu todas as unhas do planeta?), a acne nojenta (uma única espinha pode ser considerada acne?). Na maioria das vezes, quando ela se lamenta pelas coisas que, na opinião dela, a tornam uma baranga, é apenas um desabafo e, em cinco minutos, estará perfeitamente satisfeita consigo mesma. Talvez queira, ainda, ter certeza de que não é a criatura mais horrenda que você já viu e de que não precisa usar um saco de papel na cabeça.

Elemento nº 2: O que o mundo diz para ela

Já falamos sobre o modo como os publicitários voltaram sua mira para a "máquina *tween* de consumo". Junte a isso a crença adotada por fabricantes de produtos, de que cada geração deseja superar os limites da geração anterior, e o resultado é uma sociedade que diz à sua filha de 9 anos: "Se você quer ser superdescolada, precisa se parecer com uma adolescente".

Enquanto escrevemos estas linhas, temos diante de nós um teste numa revista voltada para pré-adolescentes. Chama-se "Qual celebridade é sua inspiração de moda?". As quatro alternativas são Miranda Cosgrove, Demi Lovato, Taylor Swift e Selena Gomez. Se você faz ideia de quem sejam essas pessoas, está melhor que eu. O objetivo do teste é definir se a leitora na faixa de 8 a 12 anos é chique, original e estilosa, glamorosa ou ligada nas últimas tendências. Não há nada errado com isso. A questão é que a ênfase sobre aquilo que você veste nessa idade é muito maior hoje que em outros tempos. Caso sua filha ainda não se ligue em moda, pode acontecer de voltar da escola se sentindo "totalmente nada a ver". Se, em contrapartida, ela está decidida a ser superdescolada, pode acabar entrando na onda de que precisa parecer bem mais velha.

Algumas empresas estão de olho nessa tendência. Numa loja de departamentos, por exemplo, há uma linha de roupas para pré-adolescentes de ambos os gêneros que querem andar na moda desde cedo, mas não podem usar blusas decotadas ou estampadas como as dos adolescentes. Outras lojas tomam por base o conceito de que as crianças estão amadurecendo mais cedo e oferecem estilos adolescentes em tamanhos menores. Uma vez que o *shopping*, as revistas e os videoclipes dizem que ela precisa adotar um visual de Lolita, é importante ela saber desde cedo que aquilo que "eles" consideram bonito não é necessariamente aquilo que ela quer ser. É um bocado de informação para uma menina de 10 anos processar!

Os amigos e colegas também fazem parte desse mundo. Se suas melhores amigas ou as garotas "populares" usassem sacos de farinha presos à cintura com o cinto do pai, ela se sentiria pelo menos um pouco pressionada a aderir a essa moda. Pode ser que ela nade contra a correnteza e vista o que bem entender (e está de parabéns se o fizer), mas com certeza será alvo de gozações, ou pelo menos de cochichos, algo que poucas pré-adolescentes conseguem suportar sem se sentirem inseguras. Mesmo que ela vista o mesmo tipo de blusinha ou calça que a Garota Superdescolada de sua sala, é bem possível que todos fiquem sabendo que o traje de sua filha foi comprado numa loja de departamentos, enquanto o traje da Garota Superdescolada veio de uma loja de grife.

A ideia de que precisa ser "perfeita" não acontece apenas no âmbito da moda. Tanto para colegas críticos (e, por vezes, cruéis) quanto para a mídia, os seguintes elementos são necessários para que uma menina seja considerada bonita:

- Corpo de modelo (de 25% a 30% mais magro que a média das meninas).[1]
- Pele perfeita (que nem mesmo as modelos têm, daí serem tão retocadas no Photoshop).
- Cabeleira espessa, brilhante e, de preferência, loira (aqui também o Photoshop entra em ação).
- Pernas que vão até ao pescoço.
- Unhas feitas (50 contos para cada visita à manicure).
- Dentes tão brancos que chegam quase a ser azulados.

Vamos parar por aqui, antes que você fique com o estômago revirado. É um ideal ridículo e completamente inalcançável, mas que é apresentado como "norma" para nossas filhas. Você conhece *uma pessoa sequer* à altura dessa descrição? Aliás, você *quer* conhecer uma mulher que gasta tanto tempo para se encaixar nesse perfil e permanecer dentro dele? No entanto, é o exemplo imposto a nossas filhas, o que significa que existe a grande probabilidade de elas se sentirem gordas e feias a maior parte do tempo. Dá vontade de socar alguém.

> **O que dizem as minimulheres**
>
> Meu pai sempre diz que sou linda! Quando estou toda arrumada para ir à igreja ou algo do gênero, ele sempre me elogia de um jeito bem legal.

Elemento nº 3: O que ela recebe de você, pai

Pode ser que, para não se meter em encrenca, você tenha feito um voto de silêncio sobre esse assunto e decidido deixá-lo inteiramente ao encargo da mãe de sua filha. Se fez isso, *já* está encrencado, pois sua filha busca em você parte considerável da certeza de que está se transformando numa linda mulher. Para ela, seu "Sem comentários" significa que ela não é digna de comentários.

Talvez, a seu ver, seja uma questão tão feminina que caiba logicamente à mãe tratar dela. Mas aquilo que a mãe diz a respeito *de si mesma* exerce influência maior sobre a imagem de sua filha que aquilo que ela diz sobre a filha. (Se sua esposa esbelta diz "Estou uma baleia" quinze vezes por dia, sua pré-adolescente — naturalmente mais cheinha nessa fase da puberdade — irá concluir que parece um dirigível.) Aquilo que *você* diz a respeito de sua *filha* tem o mesmo impacto. Você é o primeiro homem da vida dela e, no momento, o mais importante. Ela já entende, ainda que de modo inconsciente, que precisa agradar os homens, e não as mulheres. Portanto, quando você diz que ela é linda e maravilhosa, ela acredita. Se você destacar repetidamente que ela é rechonchuda, ou moleca, ou "A Inteligente" (em contraste com a irmã dela que é "A Bonita"), ela também acreditará. Não imagine por um segundo que ela duvidará de você.

Na real

Considere os itens abaixo como uma avaliação de sua atitude. Marque as declarações que se aplicam a você. Estão divididas em duas categorias: a primeira se refere à sua filha pré-adolescente e a segunda, à sua visão das mulheres de modo geral. Deixaremos que você tire suas próprias conclusões com base nos itens que marcar.

Como você vê sua filha:

O que dizem as minimulheres

Meu pai diz: "Filha, pare de ser tão lindinha", e aí eu faço o meu jeito supergracinha e ele dá risada.

- Ela é uma garotinha adorável.
- Está se transformando numa moça muito bonita.
- Está passando por uma fase de "patinho feio", mas ficará bonita depois.
- É uma criança de aparência mediana e não vejo nada de errado com isso.
- É tão linda que vai acabar sofrendo por causa disso.
- Fico um pouco preocupado que sua aparência seja comum e me pergunto quando ela irá adquirir traços mais marcantes.
- Não presto muita atenção na aparência dela.

Como você vê as mulheres em geral:

- Todas as mulheres são bonitas à sua própria maneira.
- Somente mulheres quase perfeitas podem ser chamadas de beldades.
- A maioria das mulheres consideradas bonitas tem a tendência de ser superficial e egocêntrica.
- Arrumando-se bem, qualquer mulher pode ficar bonita.
- Qualquer mulher fica mais bonita com um visual mais natural.
- Jamais me sentiria atraído por uma mulher que não fosse linda.

- Jamais me sentiria atraído por uma mulher que não se cuidasse bem.
- Não é bíblico as mulheres se preocuparem com a aparência.
- Gosto quando as mulheres dedicam tempo a se arrumar.
- Tenho dificuldade em levar a sério meninas e mulheres bonitas.

Ao prosseguir com a leitura, pode ser interessante reler as declarações que você marcou nesta seção. Sem dúvida, elas influenciam a forma de você mostrar para sua filha que ela é linda.

> ### O que dizem as minimulheres
>
> Em geral, minha mãe cutuca meu pai para ele dizer que eu sou bonita. Ela diz: "Nossa filha não é linda?", e ele responde: "É sim". Mas ele me incentiva a ter uma vida bonita e ser como Cristo. Ele me ajuda a valorizar mais a beleza interior que a exterior e, quando ele diz que se orgulha de mim, aí eu sei que ele me acha linda de verdade.

Aprendendo com o Mestre

Para vocês que conhecem bem a Bíblia, é provável que 1Pedro 3.3-4 tenha aparecido piscando em neon em sua mente durante nossa conversa até aqui. Para os que não têm o hábito de citar capítulo e versículo, esse texto diz o seguinte:

> [Mulheres] A beleza de vocês não deve estar nos enfeites exteriores, como cabelos trançados e joias de ouro ou roupas finas. Ao contrário, esteja no ser interior, que não perece, beleza demonstrada num espírito dócil e tranquilo, o que é de grande valor para Deus.
>
> 1Pedro 3.3-4

Esta é mais uma passagem muitas vezes tirada do contexto e usada para fazer as pessoas sentirem vergonha. Neste caso, as pré-adolescentes, que estão começando a ter consciência do desabrochar de sua beleza, são avisadas de que não devem nem pensar em furar as orelhas e fazer um corte de cabelo moderno, mas, sim, se concentrar em seu "espírito dócil e tranquilo".

Primeiro, se você tem uma filha nessa faixa de 8 a 12 anos com um espírito dócil e tranquilo, é um entre dez mil. Cara, você praticamente ganhou na loteria. Não que nós, os outros pais, trocaríamos nossas garotinhas tagarelas, irrequietas e cheias de altos e baixos emocionais por qualquer outra pessoa, mas um pouco de docilidade e tranquilidade seria muito bem-vindo de vez em quando.

Se você disser para sua filha que ela precisa ser afável e meiga, é provável que ela o encare como se fosse louco. Fala sério, né, pai?

Segundo, Pedro não está dizendo que sua filha não deve, jamais, fazer tranças no cabelo, usar uma correntinha de ouro ou vestir as roupas estilosas que ganhou da avó. Está dizendo que não é isso que a torna bela aos olhos de Deus ou, para dizer a verdade, de qualquer pessoa. Aquilo que importa de fato — os olhos cintilantes, o sorriso cativante, as faces rosadas, a maneira despreocupada com que ela joga o cabelo para trás quando gosta de alguém — tudo isso é reflexo do que se passa em seu interior, e é de uma beleza atordoante.

Terceiro, Pedro não está sugerindo que todas as meninas tenham exatamente a mesma personalidade, que sejam acanhadas e sussurrantes, com o olhar sempre voltado para baixo. Há mais de uma forma de ser interiormente dócil e tranquila. Talvez sua filha seja a alma de qualquer festa e, se não há uma festa em andamento, ela *inventa* uma. Isso não significa que ela não está em paz consigo mesma ou que não deixaria o agito para fazer companhia à menina tímida escondida num canto da sala.

As palavras "para Deus" são a chave desta passagem. Não "aos olhos da melhor amiga". Não "aos olhos dos Malas Sem Alça Ridículos". Nem mesmo "aos olhos da igreja". Para Deus, o que tem valor é seu espírito afetuoso e tranquilo, e todas as manifestações dele em sua filha formam sua beleza singular. Não é bíblico uma comunidade dizer: "Ela não deve usar maquiagem ou ter um corte de cabelo bonito", da mesma forma que não é bíblico dizer: "Se ela é bonita, quem liga para o que se passa em seu coração?". O que é belo na *aparência* de sua filha é exatamente aquilo que é autêntico *dentro* dela. Isso é beleza interior. O que ela fizer em termos de aparência, desde as fivelas no cabelo até os chinelos nos pés, deve refletir esse fato.

Esforce-se ao máximo para que ela adote esse conceito. Aqui vão algumas sugestões.

Onde eu entro em cena?

Usando a linguagem das pré-adolescentes, é provável que você possa fazer "um zilhão de coisas" para influenciar sua filha de modo positivo. Nós as reduzimos a cinco itens.

Seja interessado sem ser invasivo

Cada pai pode ter dificuldade com uma parte diferente dessa dica. Se você mal observa o que sua esposa veste, e muito menos as roupas que sua filha de 9 anos usa, não será muito complicado evitar ser invasivo, mas talvez seja difícil se lembrar de fazer um elogio de vez em quando. Se você tem o hábito de pôr defeito nas roupas e na cor do cabelo de sua esposa, interessar-se pela aparência de sua filha é algo que lhe ocorrerá naturalmente, mas tome cuidado para não invadir o território dela.

Como mostrar para sua filha pré-adolescente que você se importa com a aparência dela? De várias maneiras, desde fazer questão de notar quando ela colocar uma roupa nova (mesmo que ela diga: "Mas pai, eu uso essa blusa *todo dia*!") até ajudá-la a escolher um traje quando ela reclamar que não tem nada para vestir. (As mulheres parecem sair do ventre munidas dessa queixa.) Pode lhe dar sua opinião sobre as cores que ficam bonitas nela, comentar como o novo

> **O que dizem as minimulheres**
>
> Meu pai COM CERTEZA me acha linda! Ele já me falou isso um milhão de vezes. E não é enrolação. Ele fala em tom sério! Amo meu pai!

corte de cabelo a faz parecer uma moça ou observar que ela tem pele boa, como a tia fulana (primeiro, certifique-se de que a tia fulana está na lista de pessoas que ela mais admira).

Se não conseguir se lembrar de fazer comentários desse tipo, pelo menos lhe dê atenção total quando ela pedir sua opinião. Desgrude os olhos da tela do *notebook* quando ela lhe perguntar se você gosta da jaqueta nova. Observe-a por mais de cinco segundos se ela pedir sua opinião sobre o esmalte de uma cor diferente em cada unha. Ela não espera que você faça uma crítica de moda. Quer apenas que olhe para ela. E, se não tivermos tempo de fazer isso por nossas filhas, é sinal de que nossa agenda está lotada demais.

Reconheço que nem sempre fui o pai mais atencioso do mundo quando Marijean era pré-adolescente, mas alguns dos melhores momentos que passamos juntos foram as ocasiões em que saímos para fazer compras. Por algum motivo, era algo que eu curtia. Creio que era uma forma simples de mostrar para ela que a conhecia. Desde que aprendeu a falar, ela deixou claro que não gostava de babados e frufrus. Aos 3 anos, andava pelo departamento infantil da loja passando a mão nas roupas e, quando encontrava uma que não pinicasse, dizia: "Gostei desta". Babados pinicavam. E não eram a cara dela.

Nunca foi o tipo de menina que deixa os pais fazerem dela uma bonequinha. Desde o primeiro dia de vida, tinha uma personalidade muito bem definida. Portanto, quando íamos comprar roupas, eu procurava coisas que tivessem tudo a ver com ela, que fossem confortáveis e não restringissem sua imaginação hiperativa, coisas que afirmassem: "Não sou fofinha; me leve a sério". Escolhíamos jaquetas legais, várias peças de *jeans* com bordados e suéteres longos (eram os anos 1980, tá legal?). Nada de ombreiras, estampas de bolas e laços no cabelo (volto a lembrá-lo de que eram os anos 1980). Nunca discutíamos nos corredores da loja. Eu nunca balançava a cabeça em sinal de desaprovação quando Marijean saía do provador e dava uma voltinha (qualquer que seja seu estilo, todas as meninas fazem isso). Para duas pessoas que discutiam a respeito de praticamente qualquer coisa, aqueles eram momentos incríveis.

Talvez você prefira enfiar um garfo no olho a sair para fazer compras com sua filha, mas pense em outras formas de combinar sua percepção natural com a percepção dela. Ela não espera nada específico. Só quer saber que você repara nela e curte sua aparência.

O que ela *não* quer é que você lhe diga o que ela irá vestir ou não, ponto final, acabou a discussão. Se você ficar preocupado com o comprimento da saia, o tamanho do decote ou algo do gênero, sente-se com sua filha e com a mãe dela e defina diretrizes firmes que ela poderá aplicar depois, ao fazer as próprias escolhas. Talvez seja algo do tipo "a barra da saia não pode ficar mais que um palmo acima do joelho, nada de calças com frases de duplo sentido estampadas no traseiro, nada de peças tão justas que dê para ver a etiqueta da roupa de baixo". Deixe bem claros os motivos pelos quais você estabeleceu esses parâmetros e permita que ela faça suas próprias escolhas dentro desses limites. Nada mais de brigar no provador ou ficar emburrada no carro porque vocês não a deixaram comprar a camiseta com as palavras "Sou Mimada" escritas em letras brilhantes. Se ela puder opinar na hora em que definirem essas diretrizes, você não será o sujeito malvado, mas apenas o pai que se preocupa com ela.

O que dizem as minimulheres

Meu pai costuma comentar que estou bonita, que gostou do meu cabelo, ou dos meus *jeans*, ou de seja-lá-o-que-for. Muitas vezes minha mãe e eu perguntamos para ele que roupa fica melhor em mim. Eu sei que meu pai gosta que eu esteja de bem comigo mesma.

Ajude-a a encontrar o equilíbrio entre se orgulhar de sua aparência e ficar neurótica com a menor imperfeição

Uma vez que sua filha começar a reparar na própria pele, no cabelo e nas sardas, haverá momentos em que essas coisas ganharão proporções gigantescas para ela. Ela não quer ir à festa da piscina na casa da melhor amiga porque seu biquíni é "horroroso" (ou seja, não é o biquíni cortininha que *todas* as outras meninas usam — *todas*). Experimenta seis trajes diferentes enquanto você espera na porta de casa, óculos escuros no rosto, chaves na mão, pressão arterial subindo. A caminho da escola, tem uma crise de choro porque precisa apresentar um trabalho na frente da classe e seus dentes estão amarelos, fato do qual ela foi informada pela menina cujo pai é dentista. Essa história de beleza é novidade para ela, de modo que leva algum tempo para encontrar equilíbrio. Ela precisa que você defina limites para o que é excessivo. Você obterá melhores resultados nessa tarefa se mantiver o senso de humor em meio ao drama:

- "Se alguém se levantar no meio da apresentação do trabalho e apontar para os seus dentes, eu prometo que nos mudaremos daqui para você poder frequentar outra escola".
- "Já sei: vou entrar e escolher uma roupa para você. Quer experimentar alguma das minhas camisas?".
- "Também foi um suplício para mim quando minha mãe não me deixou usar biquíni cortininha na piscina".

Faça-o com um sorriso no rosto e pronto para lhe dar um abraço. Nada de sarcasmo. Deixe claro que você não está rindo dela. Não minimize sua dor em relação a outras coisas que são verdadeiramente importantes. Mas neste caso, em que o objetivo é ajudá-la a formar uma visão equilibrada, é preciso dar um empurrãozinho para que ela não se leve a sério demais.

Há duas maneiras de evitar inteiramente cenas desse tipo. Uma delas é conversar sobre como as mulheres na televisão e em filmes muitas vezes parecem artificiais e esticadas depois de duzentas plásticas. Chame a atenção para o enfoque absurdo que os comerciais dão à beleza feminina e incentive-a a dar exemplos disso para você. Seja aliado de sua filha no processo de abrir os olhos para a realidade dessas propagandas e se recusar a engolir as ideias impostas. Também tenha cuidado com os comentários que faz a respeito de mulheres que conhece ou vê, quer sua filha esteja com você quer não.

A segunda maneira consiste em focalizar outras coisas além da aparência. Converse bastante com sua filha sobre aquilo que ela pensa, acredita e sente, sobre seus sonhos e as coisas que curte fazer. Dizer "Você ficou uma graça com essa roupa" leva apenas sete segundos. Perguntar "Tem muito *bullying* na sua escola?" pode criar a oportunidade de uma conversa de meia hora na qual ela se sentirá importante porque você se interessa pelas opiniões dela. E sentir-se importante é algo que vem à tona em forma de beleza.

O que dizem as minimulheres

Meu pai não quer que eu seja totalmente desligada dessas coisas de aparência e vista o que eu estiver a fim, mas também não quer que eu me preocupe demais com meu visual.

Jamais permita que ela use o charme para manipular você

Em seu livro *Raising a Daughter* [A educação de uma filha, tradução livre], Don Elium expressa muito bem essa ideia: "Como pais, [...] deixamos de responsabilizar nossas filhas por seus erros porque elas são uma gracinha".[2] Se sua filha o tem na palma da mão, este é um bom momento para mudar o quadro e exigir que ela respeite as regras e diretrizes da casa. Se você não o fizer, dará a entender que, com sua beleza e a habilidade de usá-la em favor de si mesma, ela conseguirá o que quiser. Para começar, nem sempre será o caso e, se ela recorrer a esse expediente, para que precisará desenvolver seu verdadeiro caráter? Pense na questão da seguinte forma: quando ela for adolescente, você a deixará usar seu charme para convencê-lo a comprar bebidas alcoólicas ou deixá-la ficar nas baladas a noite inteira? Não precisa nem responder. Mas, se você esperar até a adolescência para resistir à manipulação de sua filha, se verá às voltas com o início da Terceira Guerra Mundial.

Seja sincero ao elogiá-la

Sua pré-adolescente sabe quando um comentário é autêntico e se orgulha de ter um detector de hipocrisia. É exatamente isso que você está ensinado para ela. Portanto, não faz sentido fazer um elogio insincero que, aliás, é pior do que ficar de boca fechada. Ela enxerga de longe a falsidade de comentários deste tipo:

Cara, não diga uma coisa dessas...

- "Você é a menina mais linda do mundo".
- "Você é mais bonita que todas as meninas da sua classe".

- "Ninguém vai reparar nas suas espinhas".
- "Você é perfeita".

Pode até ser que você consiga se safar se acrescentar *"Em minha opinião,* você é a menina mais linda do mundo", mas ela sabe que não é *a* mais linda e, além disso, fazer comparações cria outra série de problemas. De qualquer modo, um simples "Caramba, como você está linda hoje!" é mais pessoal e crível. É importante que ela acredite em tudo o que você diz, e este caso não é exceção.

Ajude-a a superar os "percalços da beleza"
Podem ser coisas como óculos (que apenas *ela* considera problemáticos) ou cicatrizes faciais (que *todo mundo* considera problemáticas). Talvez ela tenha um olho preguiçoso, uma marca de nascença ou uma arcada dentária que exigirá vários anos de tratamento ortodôntico. Dizer para ela que nada disso tem importância é mentira. Dizer que ela pode ser bonita apesar disso é verdade. Você pode ajudá-la a:

> **O que dizem as minimulheres**
> Toda vez que quero tingir meu cabelo ou mudar meu visual, meu pai me abraça e me diz como sou linda para Deus. Então eu agradeço a Deus por ter me dado um pai que me ama e que me acha bonita em todos os sentidos.

- Não se sentir constrangida e insegura, duas coisas que não contribuem para o visual de ninguém.
- Encarar esse percalço com bom humor, tendo sempre uma resposta na ponta da língua para os mal-educados que tentarem envergonhá-la por causa disso. "Sim, é verdade que eu consigo sintonizar centenas de estações de rádio com meu aparelho". "Cara de *pizza*? Geeente, que apelido original!"
- Não atrair atenção indevida para esse aspecto. "Você tá me encarando por causa do meu olho esquisito, né?"
- Destacar todas as outras excelentes qualidades que ela tenha, tanto de aparência quanto de personalidade.
- Perceber que, depois que as pessoas a conhecerem melhor, não notarão mais aquilo que ela considera um percalço de beleza.
- Esperar pela fase em que esse percalço será solucionado (ela irá tirar o aparelho, terá idade suficiente para usar lentes de contato, os outros alunos também passarão por um estirão de crescimento e ela não será a mais alta da turma), sem se esconder dentro do armário enquanto espera esse dia chegar.

Pode ser que ela também note percalços de beleza imaginários, que ninguém mais considera problemáticos. O nariz característico da família, que cresceu mais rápido que o restante do rosto. Cabelo de um ruivo luminoso, que outras mulheres gastam uma fortuna para conseguir com tinturas. Centenas de cachos (outra fortuna). Lábios carnudos (ela nunca ouviu falar da Angelina Jolie?). Garanta-lhe mais uma vez que não é problema para ninguém. Quando ela voltar a tocar no assunto, avise que hoje você só quer ouvir novidades. Entrementes, converse com a mãe dela sobre qualquer comentário autodepreciativo que *ela* faça na frente da filha. Ao se queixar repetidamente de seus quadris e coxas e da textura de sua pele, a mãe dá o exemplo de autocrítica brutal que você está tentando evitar. Vale a pena repetir: aquilo que a mãe diz a respeito *de si mesma* tem mais impacto sobre sua filha do que qualquer elogio que ela teça.

O que dizem as minimulheres

Em minha opinião, meu pai me acha linda. Ele vive me dizendo isso. Tudo bem que nem sempre acredito nele e às vezes penso que ele só fala porque é meu pai, mas sei que ele não mentiria pra mim.

Senhor, preencha a lacuna

Pai, criador de minha linda filha, ela está crescendo numa cultura de beleza que o Senhor *não* criou e que me dá aversão. Por favor, preencha a lacuna entre a autoimagem que o Senhor deseja que ela desenvolva e minha capacidade de ajudá-la nessa tarefa. Não posso fazê-lo sozinho. Conto com sua ajuda, Pai.

Amém.

5

Quem será que ela é hoje?

O que foi isso?

Você foi convocado para levar sua filha a uma festa de aniversário no sábado à tarde. Até aí, tudo bem. Você gosta de ouvi-la tagarelar no carro. Da última vez que a levou a algum lugar, se informou de todas as últimas notícias de sua rua, inclusive de gente que você nem sabia que morava lá. Uma vez que a festa é do outro lado da cidade, no bairro para onde se mudou uma ex-BFF, é capaz de você ficar por dentro do que está acontecendo na vizinhança inteira.

Mas hoje sua filha está quieta, afundada no banco. Segura uma sacola de presente da qual transborda papel de seda cor-de-rosa, faz um movimento nervoso com os pés. Suas tentativas de puxar conversa — "Como tá a escola?", "E o treino de basquete?", e até mesmo "O que você achou do jogo da seleção de vôlei ontem?" — são respondidas com: "Tudo bem", "Acho que tá legal" e "Sei lá", numa voz baixa e hesitante. E sem revirar os olhos. *Com certeza* aconteceu alguma coisa.

> **O que dizem as minimulheres**
> Meu pai não sabe, de verdade, quem eu sou. Não tenho certeza se eu sei quem sou de verdade.

Quando vocês param na frente da casa da ex-BFF, onde há balões cor-de-rosa amarrados até no poste de luz, o queixo de sua filha estremece, e ela não dá sinal de que pretende abrir a porta do carro.

— O que aconteceu, filha? — você pergunta.

A resposta vem acompanhada de lágrimas.

— Eu não quero ir.

— Por que não?

— Não conheço ninguém.

— Você conhece a...

— Além dela eu não conheço ninguém. E nem *ela* eu não conheço mais. E se ela ficou diferente depois que mudou?

Você tem o bom senso de não observar que "ela" se mudou faz apenas um mês. Em vez disso, segura gentilmente o queixo de sua filha, sorri para ela e diz:

— Entre lá, seja você mesma e vai dar tudo certo.

Suas palavras não a convencem a saltar do automóvel com uma atitude completamente transformada. Ela dirige para você um olhar marejado.

— Não sei como fazer isso.

— Não sabe como fazer o quê?

— Não sei como ser eu mesma.

Ela engole em seco, pisca várias vezes e fixa o olhar no abismo de papel cor-de-rosa. De repente, você percebe algo estarrecedor: sua filha brilhante, alegre e outrora confiante não sabe ser ela mesma porque não sabe quem é.

E você não faz ideia do que lhe dizer.

• • •

Estamos entrando numa das regiões mais inóspitas do território pré-adolescente: o âmbito da autenticidade. Quem será que ela é no momento? E como pode ser fiel à própria identidade e, ao mesmo tempo, encontrar seu lugar no mundo? Estas são perguntas que a deixam confusa e ela terá de encontrar as respostas por diversas vezes ao longo da vida, pois sua identidade e seu lugar no mundo são coisas que mudam com o tempo. Assim como em todas as outras questões que discutimos até aqui, também neste caso a sociedade tentará dizer para sua filha quem ela "deve" ser. Seus amigos, professores, treinadores e irmãos farão o mesmo. Cabe às duas pessoas que a conhecem melhor que ninguém ajudá-la a passar por isso tudo até encontrar sua verdadeira identidade. Uma dessas pessoas é a mãe dela; a outra é você.

> **O que dizem as minimulheres**
>
> Acho que meu pai me deixa ser eu mesma. Mas é difícil, porque ainda estou tentando descobrir quem sou!

Mas cara, essa é uma tarefa difícil para o pai. Você costumava entender sua filha quando ela era pequena. Mas agora a princesinha se transformou numa menina melodramática. A molequinha se tornou um furacão. A garota alegre, divertida e cômica é, agora, uma crítica social cheia de sarcasmo. Mas será que é mesmo? Quando você pensa que conseguiu entender sua *nova* filha, ela descarta essa identidade e experimenta outra, às vezes tão segura de si quanto alguém que acabou de terminar um MBA em Harvard, às vezes tão tímida quanto um coelhinho que acabou de sair da toca.

Pode acontecer de você sentir-se totalmente desligado dela e, enquanto em outros tempos você era o papai que sabia todas as respostas, agora não faz ideia de como lidar com suas perguntas. Aliás, talvez você nem saiba quais são as perguntas, pois ela também não sabe. Cada menina é singular tanto em sua identidade como em seu método de descobri-la, de modo que não podemos lhe dizer exatamente o que fazer para entrar em cena outra vez e ajudá-la.

> **O que dizem as minimulheres**
> Meu pai sabe quem sou de verdade. Tipo, ele sabe tudo sobre mim. É como se ele tivesse um sexto sentido para saber quem eu sou na real.

Podemos, contudo, oferecer algumas diretrizes. Começaremos com uma explicação sobre o que acontece com as pré-adolescentes em geral nessa fase.

O negócio é o seguinte

Em se tratando de identidade, cada menina é um caso à parte, mas a maioria das pré-adolescentes sabe *que não quer mais ser uma garotinha*. Qualquer coisa infantil é completamente tabu. Aquilo que é considerado "infantil" também varia para cada indivíduo, mas há certas coisas que, com certeza, não farão parte da vida de sua filha neste momento. Observar o que ela deixa de lado pode ser bastante produtivo. É possível que ela ignore as bonecas ou decida que não é mais legal andar de bicicleta, ou faça uma pilha com todos os seus livros ilustrados e anuncie que precisam ser doados para uma instituição assistencial. Você pode aceitar essas mudanças da mesma forma que aceitou o fim das fraldas e mamadeiras e daquele cobertor nojento que ela arrastava de um lado para o outro.

O objetivo dela é ter 15 anos

Essa idade distante tem algo de mágico para a menina, como se a abóbora se transformasse em carruagem e a levasse para o baile. Isso explica suas experiências com maquiagens quando vai dormir na casa de amigas e sua paixão incontrolável por bandas musicais formadas por garotos.

O problema é que *ela não sabe como chegar lá nem quem ser no meio-tempo*. Uma vez que é absolutamente singular, precisa passar por várias tentativas e erros, vestir e despir diversas versões de si mesma e, entender quais partes dela são apenas camadas falsas que ela permitiu que se desenvolvessem para sobreviver à escola, aos irmãos mais velhos e a todas as outras meninas que estão tentando fazer o mesmo.

Esse processo pode ser extremamente divertido para ela e, por vezes o é. Ao mesmo tempo, ela se depara com vários obstáculos que a impedem de encontrar sua verdadeira identidade ou de ter coragem de adotá-la. Alguns deles são:

1. *A expectativa de que ela amadureça rápido demais.* Não queremos nos tornar repetitivos, mas essa questão também aparece aqui. Se ela aceitar a ideia de que é apenas uma adolescente em miniatura, ou se a agenda dela for tão estruturada e lotada que lhe falta tempo para explorar a própria identidade, ela pulará esse processo todo. Pode ser que alcance o estágio mais avançado das aulas de dança aos 11 anos sem sequer avaliar se gosta mesmo de balé. Pode ser que adote os mesmos trajes de quase todas as adolescentes sem jamais chegar a ver roupas que têm tudo a ver com sua

> ### O que dizem as minimulheres
> Eu amo meu pai, e ele me ajuda com uma porção de coisas. Mas, sejamos sinceras, ele é homem. Nunca vai entender completamente tudo o que eu faço e digo.

personalidade. Pode ser que se sinta tão pressionada a tirar notas altas que não tenha momentos de despreocupação nos quais possa crescer e desenvolver sua verdadeira identidade. Brincar e sonhar acordada fazem parte do desenvolvimento da criança, e a menina de 8 a 12 anos ainda é criança. Se você colocar um *smartphone* na mão dela e, no lugar de livros, lhe der uma coleção de DVDs, ela perderá de vista essas coisas, o que não é nada bom.

2. *Tomar emprestada a identidade de celebridades.* Sempre foi normal querer ter cabelo, roupas e maquiagem idênticos aos de seja-lá-quem-for que está nas capas de revistas para adolescentes. Normal para adolescentes. Quando permitimos que nossas *pré*-adolescentes imitem cantoras de *funk*, a situação se torna problemática. (É claro que, se deixarmos nossas *adolescentes* imitarem essa turma, também será problemático.) As adolescentes estão quase prontas para moda e maquiagem. As pré-adolescentes não, a menos que alguém lhes diga que devem estar. Garotas no ensino médio aderem a modas sem perder de vista sua própria individualidade, pois reconhecem a importância de ser autêntico. Meninas no ensino fundamental ainda não têm consciência suficiente de sua identidade para lhe dar o devido valor. Querer se vestir como Hannah Montana é uma coisa, pois se trata de alguém mais próximo de sua faixa etária. Mas até

mesmo Hannah deixou de ser pré-adolescente e, além do mais, ela é "perfeita". Tentar imitar alguém "perfeito" é, sem dúvida, um obstáculo para descobrir a verdadeira identidade maravilhosamente imperfeita de sua pré-adolescente.

3. *A necessidade de fazer parte da turma.* Desde que o telefone se tornou comum em nossos domicílios, pré-adolescentes ligam uma para a outra a fim de descobrir o que vão vestir hoje até nos detalhes, como a fivela de cabelo. Nós, homens, não temos algo equivalente, a menos que falemos da importância de ter as chuteiras ou *skates* certos para sermos considerados "maneiros" quando éramos meninos. Enturmar-se, aprender como fazer parte de um grupo fora da família, no qual as pessoas não precisam necessariamente

> **O que dizem as minimulheres**
> Queria que meu pai entendesse que estou crescendo. MESMO! Eu sei atravessar a rua sozinha. Estou crescendo de verdade!

amar você, é uma das questões mais importantes da pré-adolescência. Jesus disse: "Como eu os amei, vocês devem amar-se uns aos outros" (Jo 13.34b), e não: "Saiam pelo mundo e sejam individualistas ferrenhos, que não ligam a mínima para a vida em comunidade". Cara, Jesus andava por toda parte com uma comunidade. A menina na faixa de 8 a 12 anos descobre essa sensação de pertencer à turma ao "combinar" com as preferências das meninas das quais ela gosta, quer nas roupas, quer nas atividades que escolhe, quer mesmo no modo de falar. Passe quinze minutos com sua filha e as melhores amigas dela; se você entender 50% daquilo que elas disserem, você é o cara.

Não há absolutamente nada de errado com isso. Aliás, é saudável. Mas também cria uma tensão natural entre querer fazer parte do grupo e querer ser um indivíduo singular. As duas coisas são necessárias e, em algum momento da vida, convergirão (pelo menos essa é a ideia!). No momento, porém, a necessidade de ser igual a todo mundo pode desequilibrar a situação, especialmente se os outros pré-adolescentes na vida dela forem extremamente duros com qualquer um que se atreva a fazer algo de diferente. A questão se torna mais problemática nos últimos anos do ensino fundamental, aos 11 e 12 anos, mas até mesmo garotas mais novas são ridicularizadas caso usem tiaras fora de moda ou reconheçam que ainda brincam de boneca. Por vezes lhes parece mais fácil se tornarem clones do que defenderem seu direito de ser autênticas. Meninas com baixa autoestima, inseguras quanto à sua identidade, têm maior probabilidade de baixar seu nível de exigência para agradar outros.

4. *Qualquer coisa que a torne "diferente".* Se você alguma vez precisou engessar a perna, teve laringite ou algo que o deixou temporariamente incapacitado, procure se lembrar de como reagiu quando outros lançaram olhares demorados em sua direção, falaram com você em volume desnecessariamente alto ou evitaram olhar diretamente em seus olhos. Quase todos nós ficamos um pouco constrangidos e inseguros numa situação dessa — e isso porque somos adultos. Transfira algo semelhante para uma pré-adolescente e coloque-a numa sala de aula cheia de crianças com pouca aptidão social e quase nenhum controle sobre seus impulsos, e imagine qual é a sensação. Se sua filha tem alguma deficiência física, um transtorno de comportamento como TDAH (transtorno de déficit de atenção com hiperatividade) ou uma "anomalia" visível em sua aparência (as orelhas de abano de seu pai ou seu cabelo crespo indomável que ela não pode simplesmente raspar como você faz), ela é candidata perfeita a gozações e, como resultado, esconde parte de sua identidade até de si mesma. Pode ser que esse "defeito" específico nunca a tenha incomodado, mas não se surpreenda se, do nada, ela adquirir consciência intensa de como ele a diferencia do resto da turma.

> **O que dizem as minimulheres**
>
> Quando eu era pré-adolescente, meu pai sabia que eu era meio esquisita. No quinto ano, eu ainda tinha amigos imaginários! Eu pensava que era personagem de livros e usava fantasias de fada. Acho que já estava na cara que eu não era exatamente uma criança "normal".

E não são apenas as pequenas anomalias visíveis que podem colocar uma menina nessa situação. A lista de "diferenças" é praticamente interminável:

- Ter inteligência acima da média.
- Ter alguma dificuldade de aprendizado.
- Ser (como diríamos?) excêntrica.
- Ser extremamente tímida.
- Desenvolver-se antes das outras meninas.
- Não apresentar os mesmos sinais de desenvolvimento que as outras meninas.
- Comportar-se de modo bem mais maduro que o resto da turma.
- Ser extremamente imatura, comparada com o resto da turma.
- Ter convicções religiosas profundas.
- Ter crenças religiosas menos conservadoras que os colegas.

- Interessar-se por uma atividade ou ter um *hobby* que não é considerado descolado.
- Não participar de atividades que *são* consideradas descoladas.
- Ser "alta demais".
- Ser "baixa demais".
- Rechonchuda demais.
- Magricela demais.

Deu para entender, não? Se ela não estiver caminhando na linha estreita entre "está segura, pois é como o resto da turma" e "é totalmente esquisita", alguém provavelmente comentará, o que terá impacto sobre sua capacidade de se sentir à vontade e descobrir sua identidade. Se esse "mal" vem acompanhado de um apelido (Gigantona, Geniazinha, Nerd), é difícil se livrar do rótulo. Talvez ela chegue a se perguntar: "Será que eu sou só isso?".

5. *A definição de "menina"*. É verdade que a emancipação feminina se consolidou por volta de 1969, mas diga isso à menina que deixa de levantar a mão para responder a perguntas em sala de aula só porque um Mala Sem Alça Ridículo a chama de Superdotada. Ou para a menina cujo irmão revira os olhos para ela (é, os meninos também fazem isso) e diz que patinação artística não é esporte de verdade. Ou para a menina que ouve a valentona da sua classe chamá-la de "lésbica" porque ela é a craque do time de futebol. Como sociedade, temos a tendência de pressupor que os meninos se sairão melhor em matemática e ciências, e as meninas em literatura, histó-

> **O que dizem as minimulheres**
> Meu pai não interfere em quem eu sou. Só acho que ele NÃO SABE muito bem quem eu sou.

ria e artes. Que todas as crianças do sexo feminino gostam de coisas cheias de frufrus. Que, da puberdade em diante, as expressões de emoção de qualquer mulher podem ser atribuídas a seu ciclo menstrual. Não me entenda mal, há diferenças importantes entre homens e mulheres que não podemos ignorar. Mas são as diferenças imaginárias que afetam nossas filhas. Se sua filha reprime as aptidões acadêmicas, atléticas ou de liderança só porque é menina, abre mão de uma parte valiosa de sua identidade. Pode crer que isso ainda acontece.

6. *E por fim, há você, pai*. Sem sequer ter consciência disso, você pode tornar mais difícil para sua filha acolher quem ela foi criada para ser. Você não o faz de

propósito nem de forma consciente. Talvez nem seja o seu caso. Mas, uma vez que ainda exerce grande influência na vida dela, sua reação a quem ela está se tornando pode fazer alguma parte dessa identidade rastejar para debaixo do tapete ou pode trazê-la à tona, levando sua filha a apreciá-la. Claro que nem tudo depende de você, mas seu papel é importante. Todos os itens a seguir têm algum efeito sobre a autoimagem dela:

O que dizem as minimulheres

Queria que meu pai se ligasse que sou diferente dele.
Às vezes acho que ele não entende isso.

- Quanto você conversa com ela (e o modo como conversa) e quanto você a ouve.
- Quanto tempo dedica a realizar atividades com ela.
- Quanto você se interessa por sua educação, quanto se envolve com suas atividades e quanto sabe sobre sua vida fora do círculo familiar.
- Como reage a mudanças na personalidade dela.
- Se gosta dela, se tem expectativas quanto a quem ela será.

Com tanta coisa adiante dela, como barreiras numa corrida de atletismo, de que maneira uma garotinha poderá crescer com um forte senso de identidade própria? É sobre isso que falaremos em seguida.

Na real

Você não terá como ajudar sua filha a ser autêntica se não souber quem ela é. Marque tudo o que você sabe a respeito de sua filha pré-adolescente:

- Sua cor predileta
- O tipo de música que ela curte
- Sua *pizza* preferida
- Os livros que ela lê repetidamente
- As pessoas que ela admira
- Seu maior medo
- O que ela quer ser quando crescer (pelo menos esta semana)
- Sua maior esperança
- O que a deixa mais zangada
- A imagem que ela tem de Deus

Se não marcou item algum ou apenas uns poucos, não se sinta um fracasso total como pai. Só quer dizer que precisa fazer um trabalho de pesquisa. Leve sua filha para tomar sorvete e comece a perguntar. Mesmo que tenha marcado todos ou quase todos os itens, é uma boa ideia checar. Se suas respostas estavam certas, ótimo. Quer dizer que você tem prestado atenção. E, no caso de você estar enganado, sua filha o corrigirá com prazer. Tenha essa conversa com ela enquanto comem *pizza*. Aproveite o ensejo e pense em outras perguntas.

> ### O que dizem as minimulheres
>
> Há uma parte de mim que NINGUÉM conhece. Nem eu sei quem fui criada para ser. Mas meu pai me inspira a ser quem Deus me criou para ser.

Mais uma coisa. Preste atenção no que ela diz a *seu* respeito. Ela afirma com frequência que você é o melhor pai do Universo? Ou que você está sempre ocupado demais? Que é sem graça? Que está sempre criticando? Considere a possibilidade de que talvez seja verdade.

Aprendendo com o Mestre

Os evangelhos estão cheios de referências quanto a negar sua falsa identidade, encontrar sua verdadeira identidade por meio do serviço e ser genuinamente humilde a respeito de quem você é de fato. Jesus nos oferece um manual completo sobre autenticidade. Mas a passagem central a esse respeito é:

> Mas houve os que o quiseram de verdade, que acreditaram que ele era o que afirmava ser e que fez o que disse ter feito. Ele fez deles seu povo, os filhos de Deus.
>
> João 1.12-13, AM

Esses dois versículos dizem várias coisas essenciais para os pais que estão educando filhas.

Primeiro: tornar-se quem ela foi criada para ser é *o* alvo definido por Deus para sua vida. Tudo se resume a isso: descobrir sua verdadeira identidade, assumi-la e viver de acordo com ela. João não diz: "Quem crer será obrigado a seguir certas regras, adotar determinada doutrina, pertencer a certo partido político". Ele diz que Deus fez daqueles que creram em Cristo seu povo, seus filhos. Essa é sua verdadeira identidade. O que nos leva a...

Segundo: ela não precisa criar uma identidade ou inventar alguém para ser. Cristo lhe dará liberdade para ser quem ela já é, criada por Deus. Até mesmo descobrir sua identidade não é algo extremamente difícil, pois, quando ela se relaciona com Deus, verá aspectos de sua própria identidade dos quais, na maioria das vezes, ela nem tem consciência.

Consequentemente, terceiro: é inútil (aliás, é pecaminoso) decidir quem *você* quer que ela seja; dizer-lhe isso e empurrá-la nessa direção. Cara, a identidade dela já está lá dentro. Cabe a ela descobri-la. Tudo que você tem de fazer é ajudá-la a desenvolver o relacionamento com Deus e lhe dar oportunidades de experimentar aquilo que ela tem aprendido com ele.

> **O que dizem as minimulheres**
>
> Quando eu era pré-adolescente, meu pai não sabia MESMO, DE VERDADE, PRA VALER, quem eu era. Talvez porque ele sempre estivesse ocupado com o trabalho.

Só isso.

Tudo bem, concordo que não é pouca coisa. Mas é um lance de Deus, algo que não dá para você ignorar. *Você* também receberá direção. Portanto, comece a orar.

Onde eu entro em cena?

Adotamos o termo "autenticidade" para nos referir a essa área. Alguns a chamam de "autoimagem", "autoestima" ou "autoconfiança". Não obstante o nome, agora, na fase pré-adolescente, essa questão de encontrar a si mesma a fim de desenvolver todo o seu potencial é delicada. Como destacamos anteriormente, os obstáculos com os quais ela se depara diariamente no caminho para a autenticidade podem fazê-la sentir-se como uma casca de ovo. E você não tem como colar as partes todas cada vez que ela quebrar. Da mesma forma que também não tem como remover todos os obstáculos para evitar que ela tropece. O que você *pode* fazer é ajudar a fortalecer essa frágil identidade a fim de que ela não se quebre com tanta facilidade *e* fazer sua parte para não ser um dos obstáculos. Identificamos algumas coisas que podem ajudá-lo a alcançar esses dois objetivos.

Dedique atenção especial a sua filha

Você já ouviu isso antes: no leito de morte, poucos pais se arrependem de não ter passado mais tempo no escritório. Não vamos repisar essa questão. Você precisa trabalhar. Sua principal atividade é prover para a família. Hoje em dia, para fazer isso precisa chegar mais cedo, trabalhar com mais afinco e ficar até mais tarde. O que significa que não sobra muito tempo quando volta para casa e sempre há coisas para fazer por lá, especialmente se sua esposa também trabalha fora. Nada daquela história de calçar os chinelos e se esticar em sua poltrona enquanto a esposa prepara o jantar e mantém os filhos afastados até que você tenha terminado de assistir ao telejornal.

Entendemos que, diante de tudo isso, é difícil se concentrar totalmente em sua filha. E não estamos dizendo que precisa dedicar toda a sua atenção aos dilemas pré-adolescentes desde que entra em casa até a hora de a menina dormir. Você precisa, sim, manter a sanidade; afinal, ainda tem a adolescência dela pela frente. Contudo, há várias coisas equilibradas que você pode fazer para suprir a necessidade dela de receber sua atenção.

> **O que dizem as minimulheres**
>
> Meu pai e eu marcamos "Encontros de Pai e Filha". Geralmente ele me leva a uma livraria ou a gente sai pra tomar sorvete e conversar sobre o que anda acontecendo na nossa vida ultimamente. Apesar de ser meio esquecido de vez em quando, ele se esforça pra caramba pra saber como eu estou e que problemas estou enfrentando.

Agende compromissos regulares para passar tempo só com ela

Se você tem outros filhos, viaja com frequência, está envolvido com uma porção de atividades da igreja, sem contar seu emprego, não é difícil sua filha ficar de fora da programação. Muitas meninas dessa idade não dizem, abertamente: "Ei! E eu?". Apenas concluem que não são importantes o suficiente para serem encaixadas em sua agenda. São diferentes dos meninos, que costumam deixar claro o que eles querem. Em alto e bom som, acompanhado de uma dose de amolação.

A solução é reservar uma noite por mês, por quinzena ou por semana para um tempo de pai e filha. Gostaria de ter feito isso. Pais que assumem esse compromisso dizem que é um ponto alto em sua rotina e que o fato de passarem uma ou duas horas

> **O que dizem as minimulheres**
>
> Meu pai é O MÁXIMO, e eu o amo demais. Só que muitas vezes ele dá a impressão de que não tem tempo pra mim e, por isso, não me entende.
>
> ***
>
> Acho que meu pai não sabe, de verdade, quem eu sou. Parece que ele gasta muito mais tempo e dinheiro com meus irmãos, o que, pra ser sincera, me deixa com ciúmes, mesmo sabendo que eu não deveria ficar assim.

semanais com a filha não prejudica outras atividades. Esses "compromissos regulares" vão desde buscar a filha na aula de dança na terça-feira à noite e levá-la para tomar sorvete antes de voltar para casa até um jantar mensal em alguma lanchonete ou uma visita a um *pet shop* para ver os gatinhos disponíveis para adoção. As meninas entendem as dificuldades econômicas de nossos tempos e geralmente consideram que jogar Banco Imobiliário com o pai ou assistir a um filme com ele na televisão é tão legal quanto ir a um *show* da Miley Cirus. Lembro-me de várias maratonas de filmes da série *Star Wars* em que Marijean e eu dividíamos pacotes de pipoca de micro-ondas e recitávamos os diálogos juntos. Gostaria de ter feito isso com mais frequência. Não fique apenas na vontade ou no arrependimento. Marque esses compromissos e cumpra-os.

De vez em quando, deixe que ela escolha a atividade

Talvez você imagine que precisa elaborar uma porção de programas criativos e saber exatamente o que ela vai curtir. O objetivo desses encontros não é apenas mostrar que ela é importante, mas descobrir o que há de especial nela. Estabeleça um limite de tempo e custo e veja o que ela pode inventar. Talvez você fique surpreso quando ela disser: "Vamos a uma livraria. Eu mostro pra você os livros que eu curto e você me mostra os livros que você curte". Quem iria imaginar que ela ficaria toda empolgada de experimentar *sushi*, aprender a jogar boliche ou assistir a um *pizzaiolo* preparar a massa (e depois levar a *pizza* pronta para casa)? Combinar de cada vez um de vocês escolher o programa também funciona. Você nunca sabe o que ela descobrirá a respeito de si mesma enquanto está pescando, jogando no computador ou assistindo a uma partida de basquete com você. Ela o quer no mundo dela, mas também quer estar em *seu* mundo.

> **O que dizem as minimulheres**
>
> Sempre sou eu mesma perto do meu pai. Eu me sinto à vontade perto dele, e ele ama do jeito que sou. Tipo, sou filha dele, né?

Tenham um hobby em comum

Antes que você pense: "De jeito nenhum eu vou colecionar adesivos com a menina", use a criatividade. Não precisa ser nada extraordinário. Apenas fique atento para interesses que vocês tenham em comum. Os dois gostam de assistir ao canal *Animal Planet*? Indique para sua filha bons *sites* sobre animais.

Observem passarinhos no quintal enquanto tomam café da manhã juntos no sábado. Deixe que ela ajude a escolher os bebedouros para beija-flor e incentive-a a pesquisar do que outras espécies gostam. Os dois gostam de computadores? Ambos curtem música clássica (sertaneja, *gospel*)? Você é fã de futebol ou de jardinagem ou de história e ela também? Pense em maneiras de integrá-la a seus *hobbies*, ainda que em pequena escala. Além de passar tempo com sua filha, o que aumenta a autoestima dela, você a incentivará a experimentar coisas que estimulam sua individualidade em vez de simplesmente fazer o que todas as outras crianças fazem (ou seja, vegetar na frente da televisão ou trocar mensagens de texto).

Ensine coisas que a farão sentir-se autoconfiante e independente

Como trocar o pneu do carro, trocar uma lâmpada, distinguir entre os modelos de motos (você nunca sabe quando vai precisar desse conhecimento). Marijean queria saber como o motor funcionava. Também aprendeu comigo como fazer um excelente molho para carne. Um amigo meu ensinou a filha a misturar tintas, preparar paredes e manejar pincel e rolo para ajudá-lo a pintar a casa, e ela se mostrou uma exímia pintora. Outro amigo, que estava criando sozinho a filha, a ensinou a fazer o balanço do talão de cheques quando a menina tinha 10 anos e a se manter dentro do orçamento na hora de comprar roupas para passear. Muitos maridos gostariam que sua esposa tivesse recebido esse tipo de instrução. Quanto mais coisas a pré-adolescente souber fazer, mais segura de si ela se sentirá, o que diminuirá a probabilidade de acreditar se alguém lhe disser que é burra ou tonta. Nenhuma garota que sabe trocar o óleo da picape do pai vai ser humilhada facilmente por um menino que parece nem saber que tamanho de calça veste.

Demonstre interesse pela vida dela fora do círculo familiar

Esta é uma fase incrível e, ao mesmo tempo, assustadora para sua pré-adolescente,

> **O que dizem as minimulheres**
> Meu pai passa um bocado de tempo fora e, quando está em casa, geralmente fica com meus irmãos ou na frente da TV. Ele sabe quais são meus interesses e *hobbies*, mas não tenho certeza se ele sabe de verdade quem eu sou.

pois ela está realizando suas primeiras incursões no mundo onde as pessoas *não precisam* aceitá-la do modo como é aceita em casa. Aliás, tanto podem gostar dela como podem detestá-la, de modo que sua vida na escola, suas atividades extracurriculares e seu envolvimento com a igreja são oportunidades para ela descobrir o que funciona ou não na hora de se enturmar. Nem todos os comentários que ela ouvirá serão positivos; alguns talvez causarão sofrimento. Em vez de ceder ao ímpeto de socar qualquer um que magoar sua bebezinha, é melhor você se inteirar de como ela passa o tempo quando não está em casa e deixar claro que ela pode contar com seu apoio.

Alguns pais se saem muito bem nessa tarefa. Um amigo nosso que teve trigêmeas (e você pensa que *sua* vida é cheia de desafios...) mergulhou de cabeça no universo do futebol do qual elas fazem parte. Ele é técnico do time, viaja com elas quando há jogos em outras cidades e ajuda a angariar fundos para que o time participe de campeonatos. Suas meninas sabem que têm o apoio total do pai, o que se reflete em seu relacionamento com ele. Nem todo pai tem possibilidade de fazer algo do gênero, e é provável que você não queira se envolver a esse ponto caso sua filha participe de um grupo de dança ou tenha organizado um clube de poesia (esta semana). Às vezes, perguntar com frequência como vão as coisas e prestar atenção nas respostas é suficiente. E também dar apoio prático quando puder. Conhecemos um pai que prepara churrascos para angariar fundos para o grupo de dança da filha. Outro, um "pai solteiro", leva a filha ao curso de artes mesmo quando está exausto. Quando Marijean estava no início do ensino fundamental, uma colega dela era filha de um advogado que organizava sua agenda de modo a poder acompanhar a turma da filha nas excursões da escola.

É essencial saber como anda a vida escolar de sua filha e, sempre que possível, fazer parte de sua rede de apoio. Enquanto Nancy se encarregava de supervisionar as lições de casa no dia a dia, eu ajudava Marijean com os trabalhos de ciências e as apresentações que exigiam algum envolvimento prático. No sétimo ano, ela até me

---

O que dizem as minimulheres

Acho que meu pai me entende até certo ponto, mas às vezes acho que ele quer que eu seja diferente daquilo que sou.

O que dizem as minimulheres

Meu pai sempre me incentivou a ser autêntica e a me superar em meus *hobbies*. Algumas coisas que são a minha cara, tipo esmaltes de cores berrantes e sombra roxa para os olhos, ele não entende, mas na maior parte das vezes ele me incentiva a ser eu mesma.

levou para a escola como parte de sua pesquisa sobre a Marinha — um recurso visual e tanto.

Muitas vezes os pais são incumbidos de ajudar as filhas em matérias "masculinas" como matemática e ciências. Os que têm mais talentos literários dão uma força em comunicação e expressão e qualquer coisa que precise ser redigida. Embora isso seja ótimo, considere: (a) talvez você seja um gênio da álgebra, mas não consiga explicar simples continhas de multiplicação para sua filha; e (b) pode ser que a matéria lhe pareça tão fácil que você fique impaciente com a dificuldade da garota em entender. Nessas situações, não lhe faltam oportunidades de fazer com que ela se sinta totalmente burra. Portanto, lembre-se de que ela não é você. De que a aptidão natural dela (ou ausência desta) só faz com que ela demore um pouco mais para entender, mas não a torna um caso perdido. De que elogios e paciência são fundamentais. A frustração dela pode levá-la a reclamar, chorar e desmontar com o rosto na mesa da sala de jantar. Faça uma pausa, respire fundo, tente outra vez. Mantenha seu senso de humor mesmo que ela o perca. E procure evitar os seguintes comentários:

> **O que dizem as minimulheres**
>
> Durante o dia, geralmente meu pai está ocupado com o trabalho dele e, por isso, não ajuda muito com a lição de casa. Mas ele se esforça para dar uma força quando tenho dificuldade em matemática ou quando preciso apresentar um trabalho.

Cara, não diga uma coisa dessas...

- "Você não está se esforçando ao máximo".
- "Presta mais atenção no que eu estou dizendo".
- "Olha só, não é tão difícil assim".
- "Qual é o problema? Eu conseguia fazer isso no terceiro ano".
- "Ok. Sente-se direito e concentre-se".
- "Você já pôs na cabeça que não vai conseguir fazer; então não tem como eu ajudar".
- "Já expliquei isso de todas as formas que sei. Vai ver que você está com um bloqueio mental".
- "Tá na cara que não sou a pessoa certa pra ensinar isso aqui. Cadê sua mãe?".

Evite obrigá-la a fazer atividades das quais não gosta só porque você pensa que serão boas para ela

A primeira coisa que vem à mente são os esportes. Embora a participação em esportes de equipe tenha vários tipos de benefício, nem toda pré-adolescente está pronta para ou interessada em jogar *handebol* ou tentar se qualificar para o time de basquete. Pode ser que ela nem tenha o tipo físico para isso. Se nem toda mulher adulta joga tênis ou participa do time de vôlei da cidade, por que toda minimulher deveria? Se você a colocar num campo ou quadra onde ela se sente inadequada, inepta e completamente descoordenada, ela não experimentará qualquer um dos benefícios que o esporte supostamente deveria lhe conferir. Aliás, acontecerá exatamente o oposto e, em vez de ajudá-la a adquirir confiança em quem ela é, você apenas deixará claro quem ela *não* é.

Se sua filha gosta de participar de esportes, deixe que ela se divirta. Ela é criança. Ainda o será quando entrar na adolescência. E uma criança não precisa de alguém analisando cada movimento seu enquanto curte e aprende sobre trabalho em equipe e competição saudável. Se o motivo de envolvê-la em esportes é a esperança de conseguir para ela uma bolsa de estudos universitária por mérito atlético, talvez seja melhor repensar essa estratégia.[1] Apenas cerca de 5% dos atletas no ensino médio continuam a participar de competições na universidade, e não mais que 1% deles recebe bolsa de estudos integral.[2] Se a iniciativa partir dela, deixe o treinamento ao encargo do técnico e concentre-se em providenciar para que ela tenha saúde, equilíbrio e incentivo. Não transforme o caminho de volta para casa depois dos jogos e dos treinos na pior parte do dia de sua filha.

Todos os comentários acima se aplicam a qualquer atividade que você esteja "obrigando" sua filha a realizar, embora ela preferisse ser torturada, só porque você acredita que será algo bom para ela. Quer seja o estudo de um

---

O que dizem as minimulheres

Meu pai parecia gostar mais do meu irmão e da minha irmã porque eles sabem jogar futebol. Eu tentei aprender a jogar legal pra que ele gostasse de mim também. Mas aí ele conversou comigo e disse que gosta de mim como eu sou e que não preciso jogar se não estiver a fim. Agora ele me ajuda a dar o meu melhor no curso de artes.

O que dizem as minimulheres

Não acho que meu pai iria querer me transformar em alguém diferente de quem sou.

instrumento musical, quer aulas de dança ou idiomas, essa atividade fará mais mal do que bem se, ao realizá-la, sua filha sentir que não está à altura das expectativas ou tiver sempre a impressão de que é uma fracassada. A ideia é que ela se divirta. Se você quer que ela experimente várias coisas diferentes a fim de descobrir do que gosta, defina quanto tempo ela precisa persistir numa atividade antes de decidir que não é a cara dela. Esteja ciente de que ela provavelmente não descobrirá a paixão de sua vida aos 10 anos. É normal ela experimentar o que está disponível, como quem experimenta comida num *buffet*. Só não encha o prato dela.

> ### *O que dizem as minimulheres*
> Meu pai acha que eu não consigo fazer NADA. Quero ajudar em casa, mas ele acha que não consigo porque ainda sou muito pequena.

Encarregue-a de alguns trabalhos domésticos para que possa participar da rotina da casa

Além de manter o quarto arrumado (ou num estado que se aproxime de certa ordem) e não deixar coisas jogadas pela casa, ela pode ser incluída em tarefas com o resto da família. Um dia só para limpar o quintal. Uma refeição semanal na qual cada um seja responsável por parte do preparo. Trabalhar todos juntos para limpar a garagem ou organizar o quartinho de depósito. Minha tendência era dizer: "Quero acabar essa arrumação logo; então vá brincar enquanto eu faço meu serviço", e sei que era errado. Contudo, eu chamava Marijean para me ajudar a lavar o carro. Era uma tarefa que realizávamos juntos desde que ela havia aprendido a andar e, mesmo quando já estava na faculdade, queria me acompanhar até o lava-rápido. Uma vez que Nancy adora ir ao supermercado tanto quanto fazer um tratamento de canal no dentista, Marijean e eu também fazíamos compras juntos. É verdade que você precisa realizar algumas tarefas sozinho, e que você consegue terminá-las muito mais rápido se não tiver a prole

> ### *O que dizem as minimulheres*
> De manhã, quando estou tentando acordar, meu pai diz: "Levanta, meu amor. O sol saiu pra ver você". Acho isso o máximo.

toda a tiracolo. Mas se houver alguma atividade da casa na qual você possa envolver sua filha, além de ela receber aquele tempo a mais com você que tanto deseja, descobrirá quanto é capaz de fazer e perceberá de modo mais claro que a casa também é dela (e, portanto, terá menor probabilidade de bagunçá-la).

Remova todos os alvos de gozação que puder

Crianças dessa idade gostam de tirar um barato. Especialmente os meninos. É como se fosse uma cláusula no contrato deles. Contudo, por mais que nossas filhas ouçam gozações dirigidas a outros — ou elas próprias gozem de outros — quando elas são o alvo, as brincadeiras afetam diretamente sua autoestima e deixam marcas. Conversamos sobre como você pode evitar fazer gozações dela, mas você também pode ajudá-la a manter seu frágil senso de identidade intacto ao remover alguns elementos que a transformam em alvo ambulante de zombaria. Alguns exemplos:

Se estão dizendo que ela tem "pernas de homem" porque os hormônios entraram em ação e fizeram os pelos crescer, deixe a menina se depilar. Pode ser que a mãe dela proteste: "Uma vez que você começar, vai ter de depilar sempre", mas nunca aconteceu de a "polícia da depilação" aparecer à nossa porta e nos obrigar a seguir essa "regra". Se sua filha precisa de alívio agora, qual é o problema?

Se ela está sendo chamada de aberração porque ainda usa uma mochila da Bela e a Fera (que se encontra em perfeito estado), lembre-se de que no mundo dela os itens materiais são símbolos usados para se identificar com o grupo. Qualquer coisa terrivelmente diferente pode colocá-la no território da esquisitice.[3] Mochilas não são tão caras assim, e você não estará ensinando que ela só será aceita se possuir as coisas certas. Está, na verdade, poupando-a de passar vergonha até que a turma toda adquira mais maturidade.

Se sua filha tem alguma das "diferenças" mencionadas anteriormente e por isso é alvo de crueldade, converse com ela sobre os métodos para lidar com a situação, que serão tratados no capítulo seguinte, ao falar sobre *bullying*. Se ela se sente extremamente acanhada com essa característica, ajude-a a encontrar maneiras de transformá-la numa parte interessante de sua personalidade. Compre para ela os óculos mais descolados que encontrar. Deixe-a usar

---

O que dizem as minimulheres

Gostaria que meu pai prestasse mais atenção quando eu falo. Tipo, se conto alguma coisa que aconteceu na escola, ele não parece muito interessado. Eu amo meu pai e ele é superlegal, mas queria que me ouvisse mais.

* * *

Meu problema com meu pai é o seguinte: ele nunca me ouve. Não entende que preciso dele; então, às vezes, simplesmente não conto pra ele o que estou sentindo de verdade.

as borrachinhas de aparelho coloridas, em vez das transparentes. Mas não diga para ela não se preocupar porque ninguém repara. Os outros reparam, sim, e ela vai se preocupar, a menos que você a ajude.

Faça muitos comentários positivos

Meninas pré-adolescentes precisam de duas vezes mais comentários positivos do que você imagina. Isso não quer dizer que você precisa cobri-la de elogios incessantes. Mas quando observar algo positivo a respeito dela, comente, sem medo de que ela se torne presunçosa. Aliás, de onde veio essa ideia? As meninas vivem de acordo com aquilo que acreditam ser. Se sabem que você as considera espertas, espirituosas, responsáveis, compassivas e interessantes, é isso que continuarão a ser. E só saberão o que você pensa se você lhes disser. Como mencionamos antes, seja sincero e você verá sua filha desabrochar com seus elogios sobre as qualidades dela como filha de Deus:

- Seu senso de humor.
- Sua natureza (cheia de energia, sonhadora, competitiva, compassiva, doida de um jeito legal).
- A maneira como trata as amigas, a mãe, os irmãos, você.
- Seus pontos fortes.
- As áreas nas quais ela está melhorando.
- As formas como tem refletido seu relacionamento com Deus.

> **O que dizem as minimulheres**
>
> Tem um monte de vezes que meu pai acha que minha mãe é burra. E também acha que eu sou burra. Eu gostaria muito que ele NÃO pensasse assim da gente.

Elogie-a, também, por suas realizações e, repetindo, diga-lhe como é linda para você. Contudo, procure enfatizar mais quem ela é, e não suas conquistas, aparência ou aquilo que possui.

Comentários negativos, em contrapartida, são uma das piores coisas que você pode oferecer à sua filha na pré-adolescência. Isso não significa que não deve corrigi-la, discipliná-la ou chamar a atenção dela quando houver um problema de comportamento. O que não deve fazer é atacar a identidade dela:

Cara, não diga uma coisa dessas...

- "Não sei quem é pior: você ou sua mãe".

- "Tá vendo, é isso que não acho legal em você".
- "Não gosto quando você age desse jeito".
- "Você não tem espírito esportivo...".
- "... é uma come-dorme".
- "... mandona...".
- "... toda emotiva...".
- "Não sei por que você é desse jeito".

O que dizem as minimulheres

Meu pai não me conhece de verdade porque ele só faz perguntas que no dia seguinte não vão ter nenhuma importância. Tipo: "Como foi seu dia?". E mais nada. Não acho que ele esteja a fim de ouvir pra saber o que tenho a dizer.

Se ela está infeliz e tem feito todos ao redor infelizes, descubra o motivo. Mas não pressuponha que é a personalidade dela, nem a critique por isso. Julgamentos severos nunca transformaram ninguém numa pessoa melhor.

Ouça o que ela diz. Ouça de verdade

Mencionamos essa questão anteriormente, mas vale a pena repetir (até para os caras que não gostam que lhe digam a mesma coisa duas vezes). Sei que provavelmente ela fala mais do que a boca. Minha filha era assim. Ainda é. Quando ela desandar a falar, concentre-se no que ela está dizendo e faça comentários que vão além de "Que bom, filha. Então tá" ou marque um compromisso com ela, para vocês dois terem uma boa conversa. Contudo, uma porção de coisas importantes que ela comunica é espontânea e aparece uma vez só. Se você sabe que não registrou cerca de 50% das palavras dela desde quando aprendeu a falar, procure prestar atenção em tudo durante determinada conversa e separe aquilo que foi só para receber sua atenção daquilo que revela algo a respeito dela. Com alguma prática, você conseguirá ouvir em modo automático de vez em quando, mas também será capaz de aguçar os ouvidos quando ela sair com uma pergunta do tipo: "Tudo bem se eu começar a namorar?".

O que dizem as minimulheres

Eu vivo mudando de ideia sobre o que quero ser quando crescer, mas meu pai ouve todos os meus planos, me incentiva, diz o que ele acha e me dá a oportunidade de crescer nas áreas em que quero crescer.

Se ela não for muito de conversar (tem certeza que ela é mesmo menina?), puxe assunto fazendo perguntas que sejam do interesse dela. Faça perguntas específicas. Se não souber por onde começar, reveja o item "Na real", no início deste capítulo. Meninas adoram esse tipo de coisa. Quando quer começar uma conversa com uma pré-adolescente, Nancy sempre consegue puxar assunto com a pergunta: "Se você fosse um carro (animal, fruta, marca de sapato), qual seria?". Pré-adolescentes gostam demais de brincar e são mais autênticas que nunca quando o fazem.

Trocando em miúdos, sempre que puder, faça sua filha se sentir importante, pois talvez ela não se sinta assim em nenhum outro lugar deste mundo no qual está tentando encontrar seu rumo. Cabe a você mostrar como é a sensação de ser uma pessoa singular e importante. Ela não vai descobrir de uma vez todos os aspectos de sua identidade e, muito menos, viver inteiramente de acordo com ela o tempo todo

> ***O que dizem as minimulheres***
> Meu papai me conhece... mas não sabe quem eu sou BEM lá no fundo. Só metade do caminho até o fundo.

até... bom, para dizer a verdade, é um processo que se estende por toda a vida. Você também não vai saber tudo o que há para se saber a respeito dela. Isso faz parte do mistério de ser mulher. Mas seu poder como pai consiste em providenciar para que ela tenha oportunidade de começar essa jornada e receba todo o apoio de que precisa ao sair para explorar. Talvez seja o único poder que você de fato tenha.

Senhor, preencha a lacuna

Pai, sei que o Senhor quer que minha menina seja a pessoa que o Senhor a criou para ser. Por favor, preencha a lacuna entre aquilo de que ela precisa para descobrir sua identidade e minha capacidade de abrir portas para ela. Não posso fazê-lo sem o Senhor. Conto com sua ajuda, Pai.

Amém.

6

Como lidar com dramas femininos

O que foi isso?

Você estaciona em frente ao estúdio de dança e procura sua filha no grupinho de pré-adolescentes reunido do lado de dentro da porta de vidro. Você a imagina no centro, organizando quem vai telefonar para quem em que horário, pois, evidentemente, nas horas em que passaram juntas hoje, ainda não conseguiram dizer tudo o que precisavam. Quem calculou que um homem usa dez mil palavras por dia, enquanto a mulher usa trinta mil estava se referindo apenas a adultos. Você sabe que uma minimulher usa pelo menos cinquenta mil e o faz ao mesmo tempo que todas as suas amigas. É provável que sua filha use mais umas mil antes de notar que você a espera dentro do carro.

Você olha pelo para-brisa e tenta encontrá-la no meio do oceano de rabos de cavalo saltitantes. Mas ela não está no grupinho cor-de-rosa. Está de lado, com apenas uma menina. Você tem quase certeza de que a viu em sua casa um dia desses. A conversa delas parece uma reunião de cúpula: ombros encurvados, ar conspirativo, olhos fixos no rosto uma da outra, palavras que saem por entre os dentes. Algo denso está em andamento.

> **O que dizem as minimulheres**
>
> Se eu trouxesse cinco amigas para casa e pedisse pro meu pai dizer o nome delas, é provável que ele não teria a mínima noção.

Sua filha o vê e, enquanto se encaminha para a porta, você pensa em várias situações possíveis. Alguém apareceu com uma saia de balé da cor errada. A julgar pela expressão tensa de sua menina enquanto ela se aproxima do carro, foi algo pior. Alguém foi expulso da aula. *Ela* foi expulsa. Bem que você suspeitou desde o começo que a professora fosse meio doida.

Você está prestes a desligar o motor e entrar no estúdio para ter uma conversa séria com a dita-cuja. Mas sua filha entra no carro, larga a mochila no chão e aperta o cinto de segurança como se estivesse prendendo um coldre com duas pistolas antes de um duelo.

— O que foi? — você pergunta.

— Nada.

— Tá na cara que aconteceu alguma coisa.

— Não quero falar.

Isso é novidade. Você não sabe muito bem o que fazer com essa informação, de modo que sai do estacionamento, espiando de vez em quando pelo retrovisor, de onde pode ver sua filha soltando fogo pelas ventas. Talvez você não queira saber o que aconteceu.

— Tudo bem — você diz. — Se não quer conversar, eu não vou forçar...

— Tô com tanta raiva dela!

Quer dizer que estava certo. Um ponto para o papai.

— Sua professora — você diz.

No retrovisor, vê um olhar perplexo.

— Por que eu ia ficar brava com ela?

Ah...

— Eu tô morrendo de raiva da... — ela diz o nome de uma das meninas do grupinho no qual ela não estava.

— O que ela fez? — você pergunta. E, logo em seguida, percebe que cometeu um erro. Agora também tem fogo saindo pelas orelhas dela enquanto se ajeita no banco até estar de joelhos.

— Tá — ela diz. — Tipo, eu tô conversando com outra amiga minha, você sabe, a...

Diz outro nome. Você faz que sim com a cabeça, embora saiba que não seria capaz de identificar essa pessoa nem que ela tivesse cometido um crime e a polícia dependesse do seu testemunho.

— ... e não foi, tipo, como se eu tivesse deixado ela de fora, mas foi o que ela achou. Aí ela foi e contou pra...

Mais um nome que a mãe de alguém inventou.

— Aí eu tentei explicar pra ela que não era nada, mas ela virou as costas pra mim, e aí eu falei, tipo, então tá, se você quer ser assim. E aí, tipo, foi isso. Mas depois a senhora...

— Essa é a professora — você diz, na tentativa de extrair algum sentido do palavreado todo.

Um longo suspiro.

— Não, pai. Essa é a *assistente*.

— Desculpe — você diz. — Foi mal.

— Ela pega no meu pé porque eu não tô me concentrando, mas como é que eu vou me concentrar se todo mundo tá bravo comigo?

Você não pergunta como "todo mundo" se envolveu na história que, a essa altura, já está complicada o suficiente. Cabe a você descomplicar a situação antes que sua filha imploda no banco de trás do carro.

— Pelo visto, a... — você tenta se lembrar do nome da menina, mas não consegue. — Essa menina é problemática. Melhor não mexer com ela e ficar com suas outras amigas.

— Mas paaai, eu não posso!

— Por que não, se ela trata você desse jeito?

Ela escorrega para a frente até onde o cinto de segurança permite.

— Porque — ela diz — ela é minha melhor amiga.

Você não responde. Ainda tem mais umas quinhentas palavras para usar até o fim do dia, mas sabe que nenhuma delas vai ser a certa.

• • •

É provável que os encontros e desencontros nos relacionamentos entre meninas seja a questão associada à pré-adolescência sobre a qual o pai tenha menos noção. Você entende a ação dos hormônios com mais facilidade que as complexidades da melhor amiga e a hierarquia de uma panelinha, pois a química do corpo tem certa base científica. No momento em que você pensa que conseguiu compreender os dramas femininos, a situação explode na sua cara e alguma menina sai correndo aos prantos para o banheiro, seguida por meia dúzia de amigas.

Trata-se, sem dúvida, de uma coisa de menina, portanto não imagine que chegará a entendê-la inteiramente. Podemos lhe oferecer algumas informações básicas que o ajudarão a não entrar no drama e a orientar sua filha mesmo quando ela não entender. Antes que você amarele e deixe tudo por conta da mãe, lembre-se de que os relacionamentos são essenciais para a mulher em qualquer idade. Está no DNA delas ter relacionamentos, cultivá-los e crescer dentro deles. Se você decidir ficar totalmente de fora, não ajudará a moldar a base da vida de sua filha. Portanto, não há muita escolha. Não vamos tentar fazê-lo servir de árbitro para o conflito em andamento no banheiro, onde alguém está se debulhando em lágrimas. Mas, a nosso ver, algumas ideias lhe serão úteis.

O negócio é o seguinte

Ninguém tem como lhe dizer exatamente o que acontecerá quando sua filha formar relacionamentos na pré-adolescência, pois, para ser franco, é algo complexo demais. A fim de trazer pelo menos algum esclarecimento, dividimos o assunto em cinco partes. Se você tiver noção de cada um deles, evitará a pergunta que é a forma garantida de se tornar alvo de desprezo total: *Por que vocês não se entendem?*

Pergunta nº 1: Por que os relacionamentos são tão importantes para ela?

No *Manual para mães de garotas descoladas*, Nancy apresenta uma descrição do relacionamento entre meninas pré-adolescentes. A nosso ver, vale a pena repetir essa descrição aqui, uma vez que destaca as diferenças entre filhas e filhos.

O que dizem as minimulheres

Às vezes meu pai não entende as coisas que acontecem no meu relacionamento com as garotas que são minhas amigas e com as que não são porque deve ser, tipo, drama de menina e, bom, ele não é menina.

Ficar no pátio de uma escola observando os alunos do segundo ciclo do ensino fundamental é, por si mesmo, uma experiência educativa.

Os meninos pré-adolescentes correm para fora já aos gritos, sabe-se lá por que, e logo se envolvem em alguma atividade em que seja necessário arremessar algo, subir em algo, saltar de algo ou inventar algo. Socar uns aos outros sem motivo aparente também fará parte da brincadeira. Quando param de se mover e começam a conversar, é porque estão planejando a próxima rodada de arremessar-subir-saltar-inventar, ou porque estão elaborando uma forma de fazer as meninas darem mais gritinhos quando eles arremessarem-subirem-saltarem etc. Adoro meninos pré-adolescentes. Em geral, eles são maravilhosamente previsíveis. É sério. Se surge uma desavença, eles a resolvem com um empurrão ou um grito e, cinco minutos depois (se tanto), já voltaram a arremessar-subir-saltar juntos como se nada tivesse acontecido.

Em seguida você observa as meninas pré-adolescentes.

Um pouco mais calmas que os meninos dessa idade, caminham até o pátio, às vezes de braços dados, tagarelando sobre algo que *todo mundo* sabe, pois falam sem parar, quer você queira ouvir quer não, e logo se dividem em grupinhos. Um grupo fica perto da cerca. Outro se reúne ao redor dos brinquedos que ninguém mais usa, pois não quer "pagar mico". Um terceiro grupo estaciona junto do bebedouro; afinal, depois de tanto arremessar-subir-saltar-inventar-socar, os meninos ficam com sede e, embora sejam uns Malas Sem Alça Ridículos, têm algo de fascinante. Algumas meninas não parecem ter uma turma, mas, em vez de se juntarem e formarem seu próprio grupo, caminham com ar melancólico pela periferia dos outros grupos, algumas claramente desejosas de serem convidadas a participar da conversa, outras fingindo, de modo igualmente óbvio, que não ligam a mínima de ficar sozinhas.

Uma vez formados os grupos, é possível que tenham início algumas atividades. Um grupo pula corda ou dança uma coreografia. O outro grupo senta-se e faz algo que, a cada cinco minutos, gera um acesso de gritinhos. E o grupo perto do bebedouro passa o tempo revirando os olhos e jogando o cabelo para trás, na esperança de que um dos meninos revelará algum segredo do universo masculino sobre o qual elas poderão escrever bilhetinhos umas para as outras o resto do dia.

Quando toca o sinal, meninos e meninas voltam para a sala de aula, onde farão exercícios de matemática e usarão palavras do vocabulário novo em frases. Mas uma das partes mais importantes da educação deles acabou de ocorrer entre os balanços e escorregadores do pátio.

Os meninos estão aprendendo como se destacar, provar seu valor, se tornar independentes e, ainda assim, continuar a ter um lugar dentro do grupo, pois, afinal de contas, com quem você vai arremessar-subir-saltar-inventar-socar se não for com os amigos?

E as meninas? Estão aprendendo a formar vínculos, dar e receber, cuidar e ser cuidadas, pois, afinal de contas, como você vai descobrir quem é e como deve se comportar se não tiver amigas? Amigas chegadas. *Melhores* amigas.

Quer dizer que isso faz parte de ser menina? Sério?

Sério. Estudos sobre a preferência por brinquedos de cada gênero na pré-escola (sabe-se lá de onde tiram ideias para esses estudos) mostram que meninas de 3 a 4 anos de idade escolhem o telefone como brinquedo predileto com mais frequência que os meninos.[1] Graças aos hormônios, essa tendência de transformar a comunicação com as amigas no centro

---

O que dizem as minimulheres

Queria que meu pai entendesse que nós, meninas, precisamos de bastante tempo juntas, sem outras pessoas por perto, tipo, um MONTE de tempo.

de seu universo aumenta quando chegam à puberdade. É verdade. Estrogênio e progesterona fazem as mulheres criarem relacionamentos, terem uma visão mais panorâmica desses vínculos, se comunicarem e se envolverem.[2] Quem diria.

Além disso, há o desenvolvimento psicológico natural da menina. Mesmo que seja introvertida, nessa fase da vida se tornará menos isolada e se definirá, em grande parte, com base no modo como se relaciona com outras meninas de sua idade. Se a identidade própria que ela está descobrindo for considerada aceitável em seu universo de meninas, sua autoconfiança crescerá. Do contrário, ela buscará maneiras de ser autêntica entre as colegas sem se tornar alvo de piadas ou de exclusão, ou então adotará uma identidade falsa que seja aceitável. Dá para ver como é essencial ter relacionamentos com meninas da mesma idade que lhe permitam ser autêntica à medida que desenvolve sua própria identidade. Não é de admirar que o mundo gire em torno de suas melhores amigas. Elas são cruciais para que a menina tenha contato com sua verdadeira identidade.

> **O que dizem as minimulheres**
> Uma coisa que eu gostaria que meu pai entendesse é que as meninas amam andar juntas e bater papo com as amigas sem precisar de um motivo. Tem alguma coisa de errado com isso?

Além das risadinhas e da verborragia a uma velocidade de 150 km/h, há uma porção de outras coisas acontecendo. No relacionamento com as amigas e na interação com as meninas que não são tão próximas, sua filha adquire aptidões importantes para a vida. Nesse âmbito ela descobre como se entender com pessoas que *não precisam* amá-la, como lidar com conflitos, como confiar e ser confiável, e assim por diante. Esses elementos são de suma importância para a formação da mulher.

Pergunta nº 2: Como são as amizades pré-adolescentes normais?
Embora talvez não pareçam "normais" para você, estas são algumas coisas típicas que rolam entre amigas pré-adolescentes:

- Rir juntas até perder o fôlego (não há necessidade de chamar o Samu).
- Completar as frases uma da outra (só para você saber, não é o mesmo que interromper).
- Dar a impressão de que têm uma linguagem só delas (não estão falando em código para esconder algo de você).

- Sussurrar por trás de portas fechadas (não estão tramando um golpe de Estado lá dentro).
- Defender uma à outra com unhas e dentes (a respeito de coisas que, para você, parecem extremamente triviais).
- Ser totalmente autênticas uma com a outra (mesmo que não se sintam à vontade com mais ninguém).

Outras ocorrências normais das amizades podem parecer negativas para você, mas também não é preciso se preocupar com elas, pois fazem parte do processo de aprendizado dentro de um grupo de meninas:

- De vez em quando alguma menina é excluída (em geral, não de propósito).
- Amizades terminam sem drama (alguém se muda, percebem que têm amizade apenas porque as mães são amigas, coisas desse tipo).
- Brigam e "rompem" a amizade e depois fazem as pazes (às vezes tudo no mesmo dia... ou na mesma hora).
- Alguém se magoa (como quando não dá para consertar uma gozação dizendo: "Foi só brincadeira").
- Elas se irritam umas com as outras (especialmente se passaram um bocado de tempo grudadas feito gêmeas siamesas).

Em geral, esses pequenos desentendimentos provocam uma crise rápida, seguida do retorno à normalidade. No tocante a lidar com diferenças de opinião e deixar os conflitos para trás, os políticos do Congresso têm algo a aprender com as pré-adolescentes.

Pergunta nº 3: O que é motivo de preocupação num relacionamento?
Comparadas aos adultos, as pré-adolescentes ainda são bastante imaturas em termos sociais, daí precisarem gastar tanto tempo treinando. Junte-se a isso o fato de que seus relacionamentos com outras meninas são tão intensos e tão importantes para elas, e o resultado é a quantidade razoável de drama que você tem visto dentro de casa. Eis algumas coisas que fazem sua filha correr aos prantos para o quarto:

- Fofocas maldosas e críticas feitas pelas costas (uma longa tradição feminina).
- Mentiras e boatos (quanto mais picantes, melhor).

- Confiança traída (sabe aqueles segredos que elas cochicharam uma para a outra por trás de portas fechadas? Agora estão sendo espalhados por toda a escola).
- Uma das amigas tentar controlar tudo (o que não deve ser confundido com liderança).
- Inveja (daquilo que *a outra* tem, da atenção que *a outra* recebe, das amigas que *a outra* "roubou").
- Gozações que passam dos limites (hoje em dia, ser maldosa é a nova definição de ser autoconfiante).
- Exclusão e desprezo propositais (tão bem planejados quanto uma aquisição corporativa).
- Atitude possessiva (algo do tipo: "Se você a convidar para tomar lanche com a gente, não vai mais ser minha amiga").
- Dramas constantes (de proporções semelhantes às das novelas de televisão).

Quando meninas se envolvem com essas questões, não estão dando mostra de algum aspecto maldoso de seu caráter. Simplesmente não sabem, ainda, como ter bons relacionamentos e proporcionam aos adultos ao seu redor a oportunidade de lhes ensinar algumas coisas. Trataremos dessa questão mais adiante neste capítulo. Por ora, saiba que: (a) não são comportamentos aceitáveis e precisam ser corrigidos; e (b) não são indicações de que sua filha é perversa.

Pergunta nº 4: O que é uma "panelinha"?
É saudável a pré-adolescente ter um grupo de três a cinco amigas que andam juntas porque têm interesses em comum, e não só por causa daquilo que possuem nem do que seus papais fazem para manter esse estilo de vida. Estão abertas para novas amizades e não há "requisitos" para fazer parte do grupo, exceto serem autênticas e deixarem que os outros também o sejam. Não obstante um desentendimento ocasional (ou um mergulho temporário num dos desafios indicados no item anterior), um círculo saudável de amigas deve ser algo que torne a vida social de sua filha prazerosa, segura e cheia de risinhos.

Às vezes acontece, porém, de três ou quatro meninas se unirem porque a líder (também chamada de "Abelha Rainha" pela autora Rosalind Wiseman em seu livro *Queen Bees and Wanabees* [Abelhas rainhas e aspirantes ao cargo, tradução livre]) resolveu que será assim. Essa menina decide quem entra e quem sai do grupo, e a possibilidade de entrar se baseia em onde a menina mora, o que veste e que bens possui. A Abelha Rainha também identifica o papel que cada membro do grupo deve desempenhar a fim de mantê-la no poder e, mesmo nos primeiros anos do ensino fundamental, define uma hierarquia. (O filme *Meninas malvadas* é baseado no livro de Rosalind; embora seja um pouco exagerado, é um retrato real e incômodo daquilo que acontece.) Isso é uma panelinha e, se a pré-adolescente faz parte de uma, terá de se esforçar um bocado para permanecer nela, pois as regras para ser membro mudam de acordo com os caprichos da Rainha.[3] A participante não é incentivada a ter individualidade; seu valor é baseado apenas no fato de ser aceita pela panelinha.

Talvez sua filha chame esse grupo de As Meninas Superdescoladas (que pode se expandir de modo a incluir meninos daqui a alguns anos e passar a se chamar A *Turma* Superdescolada). Não se deve confundir esse grupo com as meninas que são populares porque todos gostam delas graças à sua personalidade cativante e à maneira gentil e sincera com que tratam outras pessoas. Uma "panelinha superdescolada" é constituída de meninas que gostam de poder. Algumas meninas querem participar desse grupo porque isso lhe dará mais *status*, e também as protegerá dos caprichos desse grupo controlador.

Só porque as meninas do grupinho de sua filha usam expressões iguais, se vestem de modo parecido e soltam gritinhos espontâneos, mas quase sincronizados, não significa que sejam uma panelinha. Alguns

> ### O que dizem as minimulheres
>
> De acordo com minha mãe, se eu fosse menino (e, portanto, tivesse interesse em socar os outros), meu pai me ensinaria a quebrar o nariz deles.

"pensamentos coletivos" são saudáveis: o mesmo gosto por música, as mesmas opiniões a respeito de meninos, as mesmas gírias. Tudo isso faz parte da diversão de se enturmar. Mas se ela não tem liberdade de pensar de forma diferente do grupo, pois teme ser excluída da rodinha durante o intervalo e da próxima excursão para o banheiro das meninas, a situação se torna problemática.

Pergunta nº 5: O que é bullying?

O comportamento das panelinhas pode, por vezes, ser um pouco perturbador, mas não chega ao que há de pior. Não há humilhação mais cruel, perversa, calculada e deliberada do que aquela cometida por uma Menina Horrivelmente Maldosa (a MHM).

Como adulto, talvez você tenha de reprogramar seu modo de pensar para entender esta questão. Quando você se recorda das maldades que os meninos faziam na época da escola, é provável que lhe venha à mente aquele rapaz que esticava o pé no momento em que você passava pelo corredor, só para fazê-lo tropeçar; ou ainda aquele grupo de meninos que, munidos de seus canudinhos, atiravam bolinhas de papel nos demais alunos durante a aula. A arma preferida da MHM, contudo, é de natureza verbal. Com o aumento da agressão física entre meninas, algumas se valem de táticas masculinas e dão socos ou puxam o cabelo. Porém, é mais provável que a MHM recorra àquilo que os psicólogos chamam de "agressão relacional", uma expressão que se aplica à pré-adolescente ou adolescente cujo objetivo é prejudicar a posição social de sua vítima ao manipular deliberadamente o modo como as outras pessoas a veem. Meninos usam socos, empurrões ou outras agressões físicas. Meninas isolam, excluem, espalham boatos maldosos, publicam mentiras *on-line* e criam situações só para humilhar seu alvo na frente de outros.

O *bullying* entre meninas surge por volta do terceiro ano do ensino fundamental, quando sua filha está entrando na pré-adolescência. Intensifica-se no segundo ciclo do ensino fundamental, pois, a essa altura, a crueldade se tornou um hábito para algumas meninas e, aliás, um hábito perigoso. Sim, o *bullying* sempre existiu, mas *não* é "apenas uma fase normal pela qual as crianças passam", e elas não "deixam isso para trás à medida que crescem". Os agressores bem-sucedidos costumam levar seu comportamento intimidador para a vida adulta. E as vítimas do *bullying* carregam as cicatrizes.

Aquela velha história de que "palavras não me atingem" é, em essência, a maior baboseira. Zombaria e fofocas maliciosas traumatizam a pré-adolescente. O abuso relacional causa danos tão profundos quanto um soco na cara, pois pode gerar baixa autoestima, tristeza quase insuportável, ansiedade, raiva e retraimento social. Também pode afetar o desempenho escolar da menina e aumentar o risco de depressão. Há relatos de suicídios de vítimas de *bullying* constante. Já está convencido de que esta é uma questão séria?

É um equívoco supor que o *bullying* não existe no mundo de sua filha só porque ela não comentou nada com você. Eis algumas estatísticas que talvez o deixem estarrecido:

- De acordo com a National Education Association, 160 mil crianças faltam diariamente às aulas por medo de colegas maldosos.[4]
- Uma pesquisa apontou que 40% dos alunos do quinto ao oitavo ano afirmaram ter sofrido assédio sexual de colegas.[5]
- Outro estudo relatou que 25% das crianças disseram que sofrem com o *bullying*.[6]
- Esse mesmo estudo afirma que 45% das pré-adolescentes afirmaram que já foram vítimas de *cyberbullying* (definido como o uso de qualquer meio eletrônico para intimidar outra pessoa: *e-mails*, *websites*, redes sociais, *blogs*, salas de bate-papo, fóruns, mensagens de texto e ligações no celular).[7]

Talvez você pense que esse tipo de intimidação, por ser virtual, é menos ameaçador do que, por exemplo, ser xingado no meio do corredor da escola. Na verdade, porém, pode ser *mais* assustador.

Se uma menina recebe uma ameaça anônima por *e-mail*, dizendo-lhe para "ficar esperta" no dia seguinte durante o intervalo, ela não sabe de quem deve se defender, de modo que vê a todos como perseguidores em potencial, transformando-se num poço de ansiedade.

Se recebe uma mensagem de texto chamando-a de todos os palavrões do vocabulário pré-adolescente, vai para a escola sem saber quem a odeia e conclui que *todos* a odeiam.

Se alguém espalha um boato a respeito dela num *blog*, como vai se defender? Centenas de pessoas podem ter visto. Se ela já fica acanhada quando você tira um barato dela na mesa de jantar, imagine o efeito de algo *dessa* proporção.

Além disso tudo, o *bullying on-line* ocorre no espaço pessoal de sua filha, e a ofensa pode ser lida e relida, como as meninas diriam, "um zilhão de vezes", o que é mais doloroso do que ouvir algo apenas uma vez. E, por ser praticamente anônimo, torna-se mais seguro, envolvendo meninas que, de outro modo, não teriam coragem de intimidar ninguém, fazendo-as se sentir poderosas.

As estatísticas não refletem nem uma fração das lesões sofridas pelas vítimas do *bullying* pelos seguintes motivos. A agressão raramente é um acontecimento isolado. Uma MHM gosta da reação de medo, choro e desespero que geralmente provoca na vítima. Quer experimentar mais dessa sensação de poder e, portanto, cria um sistema de ameaça contínua e cada vez mais intensa. Sua vítima, em contrapartida, sente-se cada vez mais impotente.

Esta é uma relação de alguns danos que o *bullying* pode causar:

- A vítima acredita ser tudo aquilo que a MHM diz, ou seja, uma fracassada.
- Fica com raiva de si mesma porque não consegue impedir essa pessoa de infernizar sua vida.
- O resultado é depressão, que afeta seu apetite e sono. As notas caem. Ela finge estar passando mal ou sente-se, de fato, fisicamente doente. Perde o brilho nos olhos.
- Se o abuso se tornar físico, talvez ela sofra ferimentos ou perca o controle e comece a revidar fisicamente. Quem pode culpá-la?
- Se o abuso persistir, talvez ela conclua que merece ser machucada e comece a ferir a si mesma. Automutilação e distúrbios alimentares não são raros entre vítimas de *bullying*, até mesmo na pré-adolescência.
- Passa a ter dificuldade de confiar nas pessoas e se torna solitária e isolada.
- Sua autoconfiança em situações sociais desaparece e seu estado de insegurança a acompanha até a vida adulta, onde ela continua a ser uma possível vítima de agressores adultos, inclusive do próprio marido.

Se você é como a maioria dos pais, depois de ler isso tudo, está pronto para ir à escola de sua filha e esganar quem for preciso até que alguém tome uma providência. Mais adiante neste capítulo, falaremos em detalhes do que fazer. Por ora, voltemos às interações normais entre meninas pré-adolescentes. (Você vai ter de reconhecer que falar sobre *bullying* faz os dramas femininos do quotidiano parecerem brincadeira.)

O que dizem as minimulheres

Aconteceram algumas coisas ultimamente que abalaram minha confiança em pessoas que eu considerava minhas amigas. Lidei com a situação afastando todo mundo de mim, inclusive meus pais, com quem eu tinha um bom relacionamento. Meu pai não pôde me ajudar porque ele não entendeu o que estava acontecendo.

Na real

Você não sabe de tudo o que acontece com sua filha e com as outras meninas que fazem parte da vida dela, nem deve saber. Ela está aprendendo a ter certa autonomia, um dos principais objetivos do amadurecimento.

Mas você *pode* estar a par de como os relacionamentos a têm afetado, o que não exige ficar escutando atrás das portas quando houver uma festa do pijama

Como lidar com dramas femininos **127**

em sua casa. (Pode crer, você não quer fazer isso. Aliás, nem vai querer estar por perto.) É possível obter muitas das informações necessárias só prestando atenção.

O que você deve procurar? Marque as declarações que, de acordo com suas observações, são verdadeiras.

Lista 1
- Vejo a mesma menina ou o mesmo grupo de meninas passar por nossa casa ou conversar com minha filha na igreja e em outros locais.
- Ouço risadinhas (e talvez gritinhos) e vozes tagarelando quando ela e sua(s) amiga(s) estão juntas.
- Minha filha tem uma melhor amiga, e eu sei o nome dela.
- Minha filha é convidada para ir à casa de outras meninas.
- Quando o aniversário dela se aproxima, ela quer dar uma festa para as amigas.
- Ao que parece, ela tem uma ou duas amigas chegadas e dá a impressão de que está satisfeita com isso.
- Quando fazemos algum programa em família, ela pede para levar uma amiga.
- Parece que sempre tem alguma amiga vindo dormir aqui em casa nos finais de semana.
- Ela já chorou por causa de problemas com amizades.
- Ela demonstra interesse em ter um telefone celular (ou em poder trocar mensagens de texto, ter o próprio computador e uma página no Facebook).

Lista 2
- Não consigo memorizar quem são as amigas dela, pois parece que sempre tem alguém diferente.
- Muitas vezes, algumas amigas combinam algum programa com ela e cancelam na última hora.
- Quando a vejo com as amigas, ela parece estar sempre alguns passos atrás.
- Ela muda de melhor amiga com frequência (ou pelo menos é a impressão que eu tenho).
- Ela e a melhor amiga vivem brigando e fazendo as pazes.
- Outras meninas não vêm aqui em casa.
- Ela não pede para levar amigas em passeios da nossa família.
- Há um bocado de choradeira e drama por causa das amizades.

- Eu a vi ser pouco amigável com outra menina (ficar irritada, fazer greve de silêncio, revirar os olhos para uma menina pelas costas ou bem na cara dela etc.).
- Ela não quer ir à escola.

Se você não conseguiu marcar muitos itens porque simplesmente não sabe, esse fato lhe indica algo. Nenhum pai consegue acompanhar tudo, mas, se você está completamente alheio, talvez não esteja passando tempo suficiente com sua filha, tempo durante o qual você presta atenção nela, em vez de ficar consultando seu celular ou pensando em algum projeto de trabalho. Minha intenção não é fazê-lo se sentir culpado, mas apenas alertá-lo do fato de que, se você não sabe, é bom tentar descobrir.

O que dizem as minimulheres

Meu pai parece ocupado demais pra passar tempo com a gente sem atender o telefone; então eu não me abro muito com ele.

Pode ser revelador olhar para os itens que conseguiu marcar (ou não marcar). Se, no seu caso, mais de 50% das declarações da Lista 1 forem verdadeiras, pode estar certo de que sua filha tem relacionamentos saudáveis, mesmo que alguns itens da Lista 2 façam parte do dia a dia. Você está razoavelmente por dentro do que acontece e, no caso de algumas filhas (a minha, por exemplo), não há como não saber, pois ela lhe contará até mais do que você quer ouvir. Ainda assim, faça um esforço para se colocar a par daquilo que você está por fora. Sua filha ficará contente.

Se marcou algum item da Lista 2, não vá logo pensando que há algo de errado com sua menina. Contudo, os itens dessa lista *são*, no mínimo, sinais de alerta, coisas que vale a pena investigar melhor. Nossa sugestão é que converse sobre isso primeiro com a mãe dela, uma vez que, com certeza, ela está mais informada que você. Observe se esses comportamentos persistem. Passe mais tempo com sua filha e converse com ela a esse respeito (falaremos sobre isso adiante). Ore por ela. No mundo dela, as questões de relacionamento são equivalentes ao seu medo de ficar desempregado, ou seja, são uma grande coisa.

Você vai precisar de ajuda.

Aprendendo com o Mestre

Pois bem, meninas precisam de relacionamentos saudáveis umas com as outras para que possam crescer e se tornar mulheres que têm relacionamentos saudáveis umas com as outras. Você quer que sua filha seja feliz e realizada, e os relacionamentos fazem parte desse quadro. Entendeu, né?

Mas essa é só parte da história. Se você frequenta uma igreja, sabe da grande influência que as mulheres exercem. Quando se reúnem em grupo, muitas vezes elas realizam uma centena de coisas enquanto os homens ainda estão sentados discutindo o assunto. São capazes de executar várias tarefas ao mesmo tempo e têm consciência de que o que fazem causa impacto sobre os sentimentos de outros, o que significa que não apenas realizam muita coisa, mas também o fazem de modo aceitável para a maioria. Coloque uma porção de Marias e Martas para trabalhar juntas e veja o que acontece.

Observamos essa dinâmica repetidamente na Bíblia.

Rute e Noemi deram início à linhagem de Davi. Noemi tomou as providências necessárias para que Rute se cassasse com Boaz, e dessa união nasceu Obede, pai de Jessé. O resto da história a gente conhece.

Raquel e Lia, apesar de sua rivalidade por causa de Jacó (iniciada sem querer por Labão, o pai delas... só um comentário), uniram forças e tiveram um papel crítico na volta de toda a tribo de Jacó para Canaã.

> **O que dizem as minimulheres**
>
> Quando se trata de lidar com problemas com minhas amigas, meu pai é INCRÍVEL! Tenho algumas reclamações dele em outras questões, mas não nessa.

No Novo Testamento, encontramos o relato sobre um grupo de mulheres em Filipos que, de acordo com Lucas, se reuniram perto de um rio para conversar com Paulo e seus colaboradores. Nesse grupo estava Lídia, que foi convertida junto com toda a sua casa, e que hospedou Paulo e Silas. Lídia era uma mulher com recursos materiais que também contava com a colaboração de outras mulheres.

Em nenhum outro lugar, o compromisso de um grupo de mulheres é tão vívido quanto nos evangelhos.

> Depois disso Jesus ia passando pelas cidades e povoados proclamando as boas-novas do Reino de Deus. Os Doze estavam com ele, e também algumas mulheres que haviam sido curadas de espíritos malignos e doenças: Maria, chamada Madalena, [...] Joana, [...] Susana e muitas outras. Essas mulheres ajudavam a sustentá-los com os seus bens.
>
> Lucas 8.1-3

Algumas dessas mulheres, junto com a mãe de Jesus, estavam ao pé da cruz de Cristo (Jo 19.25-27), uma cena que alguns dos discípulos do sexo masculino não testemunharam porque fugiram quando Jesus foi preso. Mateus (27.55-56) e Marcos (15.40-41) também mencionam a presença delas ali. Lucas mostra Jesus falando diretamente com elas, dizendo para não chorarem por ele, mas por si mesmas e seus filhos (Lc 23.27-31).

A lealdade desse grupo de mulheres foi além da morte de Jesus. Todos os quatro evangelhos narram que algumas mulheres foram juntas ao túmulo para lamentar a morte de Jesus e cuidar do corpo dele. Foram enviadas — em Mateus 28.5-7 por um anjo e em João 20.17-18 pelo próprio Jesus — para contar aos discípulos que Jesus havia ressuscitado dentre os mortos. Foram as primeiras a dar testemunho do Senhor ressurreto.

Mulheres que se relacionam umas com as outras e trabalham juntas podem exercer uma forte influência, especialmente no reino de Deus aqui na terra. Quando incentivamos nossas filhas a aprenderem a se relacionar com outras meninas, prestamos um serviço ao restante da sociedade e ao seu futuro. Como dizem as minimulheres, esse é "um lance de Deus".

Onde eu entro em cena?

É essencial entender o que se passa no mundo dos relacionamentos entre meninas pré-adolescentes e a importância dessas interações. Mas será que você deve tentar ajudar?

O que dizem as minimulheres

Acho que meu pai não sabe muito o que acontece comigo e com minhas amigas, mas sabe o suficiente para não perder o contato comigo; então a gente consegue conversar sobre essas coisas. Geralmente explico para ele quem fez o quê e por que fiquei tão brava e assim por diante.

Deve sim, da mesma forma que o faria se ela tivesse dificuldade com uma matéria da escola. Estamos falando de aptidões sociais. Estão em jogo aqui a autoconfiança, a identidade e capacidade de sua filha de resolver problemas no âmbito social, coisas mais importantes que dominar Introdução à Álgebra.

A questão é que você não está por perto quando o problema surge (a menos que a esteja seguindo na escola ou ouvindo todas as suas conversas ao telefone). Além do mais, você não tem controle sobre como todas as amigas (ou inimigas) dela se comportam. Esta é a primeira vez na vida de sua filha em que ela se envolve com algo sem que você possa estar presente. Pelo menos não no momento em que os problemas ocorrem.

Mas exerce influência sobre sua filha e sobre sua forma de interagir com as pessoas. Uma vez que esta é a área sobre a qual você tem menos controle, é bom fazer sua influência valer. Há seis coisas que, com certeza, você pode fazer.

Esteja a par dos relacionamentos dela

Você não precisa acompanhar todo o funcionamento desse mundo misterioso, mas adquira conhecimento básico a respeito de quem são as melhores amigas, como se chamam e de onde sua filha as conhece. O simples fato de você saber que Ashley é a melhor amiga dela no treino de vôlei e Anna é a mais chegada na igreja a ajudará a ver que você se interessa. Passei um bocado de tempo sussurrando para Nancy: "Como é o nome daquela ali?" e, até eu ter certeza, chamava todas elas de "Garota". Uma vez que conseguia identificá-las, procurava me lembrar de algo específico sobre cada uma. Dizia: "Jessica tem cabelo suficiente para 37 pessoas", o que a fazia rir, e dei a Chamaea o apelido de "Ratinha", pois era pequena e vivia soltando gritinhos agudos. Ainda a chamo por esse apelido até hoje, quando ela está para ter seu segundo filho.

Será ótimo se você puder conhecer um pouco melhor as amigas de sua filha e se elas puderem conhecer você. Quanto mais à vontade se sentirem em sua casa, mais elas (e sua filha) serão autênticas. Eu gostava do fato de que a maioria das festas do pijama e das brincadeiras de Robin Hood no quintal nas tardes de sábado aconteciam em nossa casa. Por vários motivos. Primeiro, as amigas de Marijean estavam cientes de nossos valores e não tentavam convencê-la de fazer algo que não aprovaríamos. Segundo, eu tinha certo conhecimento periférico daquilo que conversavam, do que era importante para elas, o que me ajudava a saber mais sobre minha filha. E terceiro, Nancy e eu víamos como ela tratava as amigas e vice-versa, e podíamos lidar com qualquer problema específico nessa área. Pode ser que haja mais bagunça na cozinha e barulho na sala enquanto você tenta assistir ao *History Channel*, mas vale a pena, se isso o ajuda a ficar por dentro.

O importante é não exagerar e fazer sua filha passar vergonha. Se ela e as amigas estiverem falando de meninos no banco de trás do carro depois do treino de vôlei, não é uma boa hora para entrar na conversa e lhes dizer para ficarem longe desses malandrinhos até completarem 18 anos. O mesmo se aplica a passar um sermão em todo o grupo de garotas por causa de seu gosto musical quando as vir dançando ao som de Taylor Swift no quintal de sua casa. Dê uma espiada no que está acontecendo e mostre para sua filha que você acha legal que ela e as amigas estão preparando bolachas, criando *scrapbooks* ou fazendo as unhas, mas, a menos que seja convidado, não imagine que deve participar da atividade. Marijean me pedia para preparar *milk-shakes* para ela e sua BFF, porque eu fazia "os melhores *milk-shakes* do mundo", mas não pediam que eu estivesse presente quando assistiam a um filme e não perguntavam minha opinião sobre o esmalte que estavam passando nas unhas.

> **O que dizem as minimulheres**
> Às vezes gostaria que meu pai QUISESSE conversar sobre minhas amigas, mas ele nunca parece muito interessado.

Nada disso leva mais que cinco minutos, pois logo a turma toda resolve fazer outra atividade. Mas é tempo suficiente para você perceber se determinada amizade não está fazendo bem à sua filha. Se você observar nela algum comportamento da Lista 2 (da seção "Na real" deste capítulo), poderá entender a origem dele. Falaremos mais sobre isso adiante. Por ora, saiba que vale a pena, em vários sentidos, prestar atenção nas amizades de sua filha.

Ensine-a a não deixar que as amizades a controlem

Agora que o convencemos da importância das amizades para sua pré-adolescente, precisamos mostrar o outro lado da moeda. Especialmente se sua filha é extrovertida (um pai chama a menina dele de "Coordenadora da Vida Social"), pode ser que ela passe mais tempo fazendo, mantendo e administrando amizades que, hum, fazendo lição de casa, ajudando nas tarefas domésticas, prestando atenção no treino esportivo ou na lição da escola dominical. Talvez a professora lhe diga que sua filha poderia ser uma excelente aluna se não conversasse tanto em sala de aula. Talvez ela se meta em encrenca por trocar bilhetinhos ou voltar para a sala atrasada depois do intervalo porque estava aconselhando alguém no pátio. Quando você quer impor um castigo, a única coisa que parece funcionar é proibir o uso do telefone e da internet ou não deixar que ela se encontre com as amigas no sábado à tarde.

Se sua filha é mais introvertida e gosta de ter uma ou duas amigas chegadas, é provável que elas sejam ainda mais importantes do que a turma toda é para a menina extrovertida. E pode ser que isso gere alguns dilemas sérios. Devo estudar para minha prova de geografia, ou ficar ao telefone e ajudar minha amiga que está com problemas? Devo tentar pegar escondido o brilho labial que minha mãe me proibiu de usar, pois eu disse para minhas amigas que usaria? Deixo minha melhor amiga copiar as respostas do meu livro de exercícios, ou corro o risco de ela ficar brava comigo pelo resto do dia (que é, tipo, uma eternidade)?

Talvez você nem perceba o que está acontecendo. Então, o que fazer? Várias coisas:

1. *Dê o exemplo de equilíbrio entre atividades sociais e outras responsabilidades.* Quer você tenha consciência disso quer não, ela o está observando. Se você cancela mais um programa com a família para ir jogar bola com seus amigos, ela repara e entende que os amigos são sempre mais importantes que a família (inclusive ela própria). Se você coloca uma porção de acessórios em sua bicicleta para competir com seu amigo enquanto o carro da mãe dela dá problemas toda semana, sua filha também nota. Assim como repara que você trata sua esposa de forma diferente (e desrespeitosa) ou ignora sua filha quando seus amigos estão por perto. Se o papai age desse modo, por que ela faria diferente?

2. *Conversem sobre prioridades.* Sem sequer mencionar as melhores amigas, tome a iniciativa de dizer para ela o que é prioridade e ajude-a a relacioná-las e colocá-las em ordem. Não adianta você estabelecer as prioridades. Deixe que ela se organize enquanto você faz perguntas e dá sugestões. Coloque a lista onde ela possa vê-la. Da próxima vez que surgir alguma questão, do tipo: "Mãe, não posso limpar meu quarto! A fulana vai ao *shopping* com a mãe dela e me convidou para ir junto!", peça que consulte a lista que ela própria fez.

> **O que dizem as minimulheres**
>
> Meu pai é bem legal em relação às minhas amigas. Ele faz elas rirem. Tenho uma porção de atividades sociais, e ele me ajuda com as pessoas que (pra ser bem sincera) me tiram totalmente do sério! Pensando bem, minhas amigas e até aquelas que não são tão chegadas são um dos pontos fortes dele, em minha opinião.

3. *Elogie-a quando fizer uma escolha sensata.* Muitas vezes, só dizemos algo quando elas fazem besteira e passamos o maior sermão. Um pouco de reforço positivo gera um resultado muito melhor do que criticar cada erro que sua filha comete. Afinal, ela ainda é criança e vai cometer muitos erros. Um comentário feito no ato pode ser bastante eficaz. Por exemplo: "Parabéns pelas notas neste

bimestre, filha. Eu sei que não deu para passar tanto tempo com as amigas, mas estou orgulhoso de você".

4. *Não faça das amizades DELA a SUA última prioridade.* Se ela souber que você reservará tempo para levá-la ao cinema com as amigas ou para ficar em casa e receber a turma dela enquanto a mãe está fora, é provável que ela não reclame quando você não tiver espaço na agenda a qualquer hora. Não estamos dizendo que você precisa ser o chofer, sempre à disposição. Aliás, planejar com antecedência e reservar na agenda o tempo para levá-la ao treino esportivo às quintas-feiras ou levar a turma toda ao próximo filme da Pixar é uma forma de mostrar como planejar a vida social em torno de suas responsabilidades. Você conquista muito mais território por meio de um bom exemplo do que em vinte minutos de sermão (ao qual ela não vai mesmo prestar muita atenção).

Se ela o procurar, ajude-a a tratar de problemas de amizade

Falamos sobre "como ajudar sem resolver tudo para ela", mas vale a pena repetir aqui. Quando sua filha demonstrar respeito por sua opinião, ao procurá-lo para falar da dificuldade que está enfrentando com outra menina (o que não inclui o problema do *bullying* do qual trataremos adiante), não tente resolver a questão dizendo-lhe exatamente o que fazer. Essa é uma oportunidade perfeita para mostrar como refletir sobre um assunto e considerar as opções antes de formular um plano. Se ela decidir que abordará a questão de uma forma que você sabe que não acabará bem, você pode adverti-la, mas, se ela insistir em resolver a situação à maneira dela, não a impeça. Quando as coisas desandarem, as consequências não serão catastróficas (embora ela tenha essa impressão a princípio) e ela terá aprendido uma lição valiosa. Se ela tomar uma boa decisão e o problema for resolvido, se tornará mais autoconfiante, pois conseguiu

> **O que dizem as minimulheres**
>
> Meu pai conhece a maioria das minhas amigas, talvez todas elas. Ele até faz piadas com elas quando as convido para virem aqui em casa. Ele também sabe o que está acontecendo comigo e com minhas amigas porque, assim que chega do trabalho, conto para ele os meus problemas de amizade. E se tenho problemas com meninas supermaldosas, a gente conversa sobre isso, e ele me dá algumas dicas. Ele é um pai muito 10.

lidar com a situação sozinha. Isso não acontecerá se ela simplesmente fizer o que você mandar para solucionar o conflito com a amiga. E se você lhe der um conselho e ele só complicar mais as coisas, adivinhe quem levará a culpa?

Como lidar com dramas femininos **135**

Conversem sobre as panelinhas

Ela sabe o que são e talvez tenha uma surpresa agradável ao ver que *você* também sabe. O objetivo principal dessa conversa é identificar se há panelinhas na escola, na igreja ou em algum outro ambiente que ela frequenta, e se a turma de amigas dela é uma panelinha. Você também poderá entender qual é a opinião dela a respeito de participar de um grupo fechado — se gostaria disso, se percebe que não é saudável. Sua parte consiste principalmente em fazer perguntas e deixar que ela lhe diga o que sabe. Se o raciocínio dela a esse respeito estiver distorcido, essa é a oportunidade perfeita para você dizer: "Sério? Eu não entendo por que alguém iria querer ter amizade com aquelas meninas, considerando que elas tratam os outros como lixo. Tem alguma coisa que eu não estou conseguindo enxergar nessa história?". Se você conseguir evitar uma atitude julgadora, de quem vai mostrar para ela o que é certo, poderá aprender e ensinar uma porção de coisas que pouparão sua filha (e você) de algum sofrimento.

Ajude-a a lidar com o bullying

Este item não é opcional. Aplica-se até mesmo quando ela disser que não quer sua ajuda ou negar que o *bullying* está acontecendo, não obstante as provas contrárias. É preciso levar a sério qualquer intimidação ou agressão contra sua filha.

Não se trata de interferir na situação e resolvê-la *para* ela. Mas, assim que você ficar sabendo, deixe claro para sua filha que você está do lado dela. Ofereça apoio das seguintes formas:

1. *Não diga que se ela fizesse isto ou aquilo não seria alvo de intimidação.* Esse tipo de discurso dá a impressão de que a culpa é dela, quando não é. Sem dúvida, meninas tímidas e não muito autoconfiantes são mais vulneráveis ao *bullying*, mas a forma de sua filha tímida e desajeitada ser tratada não diz nada sobre a personalidade dela, mas, sim, sobre a agressora. Só para refrescar sua memória, nas palavras da blogueira Mary Dixon LeBeau: "Essas [agressoras] são meninas que criam vínculos umas com as outras em razão de seu desprezo por aqueles que não são da sua turma".[8]

Cara, não diga uma coisa dessas...

- "Como você aceita uma coisa dessas?".
- "Não deixe os outros fazerem isso com você".

- "Não seja molenga. Olhe nos olhos desse pessoal".
- "Faça ela provar um pouco do próprio remédio".
- "Se você não tomar uma providência, eu tomo".
- "Também sofri *bullying* quando tinha a sua idade. Faz a gente ficar mais forte".
- "Você é sensível demais. Deixa essas coisas te chatearem mais do que deveriam".
- "Você está fazendo o que eles querem. Se não der bola, te deixam em paz".
- "Se você não andasse por aí parecendo que tem medo de todo mundo, essa turma não iria te perseguir".

Imagine-se na mira de uma arma, ou melhor, de várias armas, sem ter para onde correr e sem ninguém por perto para ajudá-lo. Sua vida está em jogo. Quando você consegue fugir e os agressores também escapam, imagine alguém dizer para você: "Como você aceitou uma coisa dessa? Por que deixou fazerem isso com você? É um molenga mesmo. Devia ter encarado. Deixou que escapassem. Devia ter ignorado os caras".

É assim que sua filha se sente quando o procura aos prantos para dizer que há "armas" apontadas para ela e ninguém está fazendo nada, e você joga nela a responsabilidade de dar um basta na situação, acrescentando que, para começar, ela deve ter pisado na bola.

Nenhuma dessas afirmações é verdadeira, aliás. Ela não está aceitando a situação; está fazendo o possível para não piorá-la. Ela não é uma molenga; está assustada, e com razão. Se ela tentar revidar, só irá agravar a situação, especialmente porque não é capaz de brigar à altura, nem é isso que você quer que ela faça. Você deseja mesmo que ela seja uma "valentona"? Eu não queria que minha filha se tornasse tão durona a ponto de nem se abalar quando alguém atacasse até o seu âmago. Ela não é um soldado. Ignorar não adianta; mostraremos o que acontece quando ela ignora a agressora. Mas você não terá a oportunidade de compartilhar nenhum desses fatos com sua filha se sugerir que é tudo culpa dela. Não é culpa de ninguém além da agressora. Certifique-se de que sua filha entenda isso.

2. *Deixe claro que ela não está sozinha.* Antes mesmo de perguntar os detalhes, deixe bem claro que você a apoia e que irá encontrar uma forma de mantê-la segura. Envolva a mãe dela. Ofereça-lhe a segurança de uma família que a

protege. Exceto em casos extremos, ela terá de travar essa batalha sozinha, mas não pode fazê-lo sem o apoio das pessoas nas quais ela mais confia.

3. *Ouça a história toda.* Se ela acreditar que você vai ajudá-la a resolver essa questão, a despeito da intensidade do *bullying*, ela não irá exagerar nem amenizar. Faça perguntas até ela fornecer as informações necessárias. Então, analise se ela corre perigo físico, pois, nesse caso, tudo muda de figura e você deve entrar em contato diretamente com a escola ou com os pais da agressora, caso a intimidação ocorra num ambiente fora da escola. Se a agressão for verbal e, portanto, emocional e mental, e estiver afetando os estudos, a saúde e a estabilidade emocional de sua filha, converse com professores, treinadores e quaisquer outros adultos que precisem estar cientes desse fato. Informe-os de que você está a par da situação e orientando sua filha. É possível que eles lhe forneçam mais informações com base nas observações deles.

Só não permita que digam que sua filha está exagerando ou fazendo drama para receber atenção. A maioria das crianças não dedura os agressores e, muito menos, exagera uma situação dessa. As vítimas sentem vergonha e medo e não passariam por isso se não fosse real. Defenda sua filha.

Pode ser que algum adulto diga: "Ah, quer dizer que fulana está agredindo sua filha? Duvido. Ela é uma menina tão meiga". Parte do sucesso da Menina Maldosa se deve à sua capacidade de ser um camaleão e se adaptar a diferentes situações. Professores muitas vezes ficam pasmos quando descobrem o estrago que sua queridinha bonita, inteligente e prestativa tem feito entre metade das meninas do quarto ano. MHMs fazem questão de agradar as pessoas certas. Assustador, não?

4. *Forneça algumas orientações práticas.* Se o *bullying* não chegou a um nível perigoso, o melhor a fazer por sua filha é muni-la de métodos práticos. Para começar, esqueça todos os seus conceitos a respeito de agressores, especialmente meninos. Eis o que você precisa saber:

O objetivo não é mudar a agressora ou transformá-la em amiga. O objetivo é sua filha recuperar o poder de ser autêntica, não obstante o que qualquer um esteja dizendo.

Ignorar só funciona logo de cara, da primeira vez. Se sua filha alguma vez reagiu à agressora, é impossível fazer de conta que essa menina é invisível.

Se ela quiser tentar ignorar, precisa parecer entediada ou incomodada, e não com medo ou magoada. Esta é uma ocasião em que é válido fingir algo que ela não esteja sentindo. É normal ficar chateada, mas ela não pode demonstrar isso para a agressora.

Caso ela reaja verbalmente, não deve fazê-lo com a mesma atitude que a agressora. Nada de revidar à altura. É importante permanecer o mais calma possível, olhar a agressora nos olhos e dizer algo como:

- "Tudo bem, se você quer ser assim, o problema é seu".
- "Quer saber, não preciso disso".
- "Você tá tendo um dia difícil?".
- "Que estranho. Não me lembro de ter pedido sua opinião".
- "Fala sério. Pensei que você tivesse mais nível que isso". (Nos cursos que Nancy dá sobre *bullying*, ela sempre pergunta para as minimulheres: "O que a MHM vai dizer? 'Eu não tenho mais nível que isso'?").

Assim que tiver acabado de falar, deve dar meia-volta e ir embora. Em situações desse tipo, é isso que significa "dar a outra face".

Se a agressora a impedir de circular livremente pela escola ou de chegar à aula a tempo, ela deve pedir a algumas meninas para a acompanharem. Não se trata de formar sua própria gangue de valentonas ou de criar qualquer tipo de intimidação. (Não estamos falando de *A vingança dos Nerds*.[9]) A agressora não tentará impedir a passagem de cinco ou seis pessoas. As meninas que estiverem ajudando sua filha não precisam enfrentar a agressora. Só precisam ajudar sua filha a sentir-se segurar por estar num grupo.

Se ela se sentir fisicamente ameaçada ou for ferida, deve procurar o adulto mais próximo e contar o que aconteceu. Não se trata de dedurar a colega, como as crianças fazem no jardim de infância. Trata-se de informar com seriedade. Se não acreditarem, ela terá de persistir em relatar o problema a outros adultos até que alguém se disponha a ajudá-la. Se ninguém tomar uma atitude, ela deve telefonar para você ou para a mãe.

Tendo em mente todos esses passos, ajude sua filha a elaborar um plano que seja adequado ao seu caso. Se você e sua filha considerarem produtivo, ensaiem algumas situações. Diga-lhe que ela é capaz de colocar o plano em ação, pois é verdade.

5. *Não permita que ela continue a se sentir impotente.* Chame a atenção dela para oportunidades de formar novas amizades, mas não lhe diga o que fazer. Mostre que ela é uma pessoa singular e importante ao lhe dedicar atenção,

pedir a opinião dela, conversar sobre as coisas boas que ela faz. Deixe claro que as opiniões de outras pessoas a respeito dela são apenas isso: opiniões. Não significa que definem quem ela é. Crie oportunidades para ela ser bem-sucedida. Talvez seja hora de inscrevê-la num curso que traga à tona seus talentos artísticos. Quem sabe é o momento de ela ter aulas de idiomas ou de natação, coisas que ela goste e que não envolvam meninas que estejam morrendo de vontade de humilhá-la. Ela poderá reafirmar seu valor próprio e é bem provável que não volte a ser alvo de *bullying*.

6. *Ensine-a a exigir respeito* e a não tolerar nenhuma forma de desrespeito. Comece, é claro, tratando-a com respeito.

7. *Informe a escola de que você não tolerará o* bullying *no ambiente de aprendizado de sua filha*. Conheça a política da escola em relação ao *bullying* e certifique-se de que seja aplicada. Converse com outros pais, professores e técnicos e diga o que você pensa sobre o fato de os alunos terem medo num ambiente em que são obrigados a passar a maior parte do dia. As mães devem fazer o mesmo, mas a presença masculina é essencial. Em se tratando de proteger sua filha, deixe a testosterona falar mais alto, mas sem partir para a ignorância.

8. *Lide com o* cyberbullying *de forma diferente*. Se sua filha for vítima de *cyberbullying*, acompanhe-a em cada passo do processo de resolução. Ela não deve responder a nenhum tipo de mensagem abusiva ou obscena. Da primeira vez que acontecer, ignore e desligue o telefone ou feche a página ou programa de *e-mails*. Se o problema se repetir, ainda que só uma vez, entre em contato com o provedor (Google, Yahoo, Hotmail etc.) e informe-se sobre como denunciar mensagens abusivas. Ligue para o número indicado e, se for o caso, encaminhe os *e-mails* ofensivos ao provedor. Se o problema persistir, salve todas as provas (imprima *e-mails*, salve mensagens de texto, não apague as mensagens na caixa postal do celular). Você precisará delas para tomar as devidas providências.

Procure descobrir quem está enviando as mensagens. No Outlook ou Outlook Express, por exemplo, é possível clicar com o botão direito do mouse sobre um *e-mail* para ver mais detalhes sobre o servidor de origem e o remetente. Com isso, você pode entrar em contato com os pais do agressor ou com o provedor de serviços da conexão. Se uma mensagem hostil foi enviada de um computador da escola, contate de imediato a administração da escola. Lembre sua pré-adolescente mais uma vez de que informar não é o mesmo que dedurar. Se o *cyberbullying* estiver acontecendo num *site*, descubra quem o hospeda e denuncie. Se alguém a ameaçar, pela internet ou por telefone, de agressão física, entre em contato com a polícia. Estou falando sério. *Cyberbullying* é ilegal. Não seja tolerante.

Se sua filha não é vítima, existe a grande probabilidade de que seja testemunha de casos de *bullying*. Converse com ela sobre aquilo que você sabe a respeito do assunto e peça que relate o que testemunhou. Discuta com ela e com as amigas o que pode ser feito para acabar com o *bullying*. Em seu livro *Girl Politics*,[10] Nancy dedica um capítulo inteiro ao combate ao *bullying*. Pode ser boa ideia providenciar esse livro para sua filha.

Responsabilize sua filha caso ela seja uma Menina Maldosa

Antes que você pule para a próxima seção porque sua princesa jamais faria as coisas sobre as quais você acabou de balançar a cabeça enquanto lia, preste atenção no que vamos dizer. Uma agressora pré-adolescente não é perversa até o mais profundo de seu ser. Sempre há motivos para aquilo que as crianças e jovens fazem e, por vezes, esses motivos são dolorosos. Se sua filha estiver sofrendo por causa de algo que a faz se comportar como a Cruella de Vil do filme *Os 101 dálmatas*, você não gostaria de saber para poder ajudá-la?

Quais são os sinais de que ela está se comportando com uma agressora?

- Uso de linguagem pejorativa quando fala de outras meninas (fracassada, boba, burra, feia de doer).
- Desentendimentos e mau humor constantes quando está com as amigas.
- Dificuldade de obedecer a regras.
- Facilidade de manipular os outros para não precisar seguir as regras.
- Ligações de mães dizendo que sua filha é maldosa com a filha dela.
- Nenhum remorso quando é confrontada; a outra garota evidentemente é uma chorona.
- Explosões de raiva frequentes por causa de coisas pequenas.
- Frustração imediata quando as coisas não acontecem como gostaria.

Mesmo que ela não esteja agredindo outras meninas, vale a pena investigar esses comportamentos. Várias coisas podem levá-la a agir desse modo.

Algumas delas têm origem no mundo em que ela vive, onde criticar e humilhar os outros são atitudes recompensadas. Ela assiste a programas "do mal" na TV e ouve DJs sarcásticos no rádio. Aceita a filosofia do "poder feminino".

Algumas meninas reagem àquilo que acontece em casa. Se outros gritam com ela e a humilham, é assim que ela aprendeu a tratar as pessoas. Se só é possível obter atenção na marra, é o que ela fará. Se lhe foi permitido mandar na casa e ter suas exigências atendidas, por que não faria o mesmo no quinto ano?

Algumas são influenciadas até mesmo (será que ousamos dizer uma coisa dessa?) pela igreja. Pré-adolescentes idealistas podem levar ao extremo o conceito de "incrédulo" e podem se transformar em pequenas fariseias que desprezam as meninas não cristãs e as excluem de seu grupo depois de declarar que elas vão para o inferno e espalhar boatos de que são ateístas ou satanistas.

Na maioria dos casos, também há uma parcela de inveja e insegurança, ou um conceito exagerado do que são seus direitos. Deixar que sua filha prossiga por esse caminho é um desserviço para ela. Talvez tenha "poder" e seja "popular", mas não é benquista e não está desenvolvendo aptidões relacionais. Assim como você não toleraria agressões *contra* sua filha, também não pode tolerar agressões cometidas *por* ela.

O que fazer, então?

1. *Confronte seu comportamento.* Esta é a ocasião perfeita para você controlar o *seu* impulso de explodir. Ela precisa de uma abordagem calma, direta e não julgadora. "Eu sei que você não é uma pessoa má, mas precisa parar de tratar os outros desse jeito. A gente vai descobrir o que está acontecendo para que você possa ser autêntica." Continue a bater nessa tecla até ela reconhecer que tem agido de forma incorreta. Não discuta as razões. Não apresente uma longa lista de consequências. Apenas leve-a a assumir a responsabilidade.

2. *Deixe bem claro que ela não tem direito algum de insultar, intimidar, ameaçar ou agredir outro ser humano, por qualquer motivo que seja.* Se você sabe que a agressividade dela é relacionada à situação na sua casa, prometa que vai tomar providências, mesmo que signifique mudar algumas coisas em si mesmo.

3. *Uma vez que ela reconhecer o erro, dê-lhe crédito por isso.* A fim de poder mudar, ela não pode se considerar inveteradamente perversa. Diga para ela que é possível transformar seu poder natural em algo bom.

142 Manual para pais de garotas descoladas

4. *Incentive-a a buscar a Deus e ser inteiramente honesta com ele.* Ofereça-se para orar com ela ou dê-lhe espaço e tempo para fazê-lo sozinha. Deixe claro que ela precisará da ajuda de Deus para mudar de atitude.

5. *Uma vez que estiver convencido de que ela deseja mudar, sugira que dê os seguintes passos.* Visto que não se trata de uma punição, não a obrigue a dar esses passos para sair do castigo. (Aliás, para começar, é possível que não seja boa ideia colocá-la de castigo.) Ela pode procurar as meninas às quais magoou e lhes pedir perdão, mas sem esperar que isso resolva tudo. Pode dizer às colegas agressoras que não continuará a ser maldosa, mesmo que perca a amizade delas; agora que ela será mais agradável, terá amigas diferentes e melhores. Pode evitar ou se livrar de qualquer coisa que desencadeia sua maldade e preencher esse espaço com coisas que façam aflorar o que ela tem de melhor. Se ela é uma "agressora cristã", pode pedir perdão às pessoas que agrediu espiritualmente e se oferecer para conversar com elas sobre como é legal seguir a Cristo.

• • •

Em meio a isso tudo — os altos e baixos normais dos relacionamentos entre meninas, os perrengues da amizade pelos quais ela precisa passar como aprendizado e a absoluta maldade do *bullying* —, a coisa mais importante que você pode fazer por ela é dar o exemplo de como tratar as pessoas e de como reagir caso alguém a maltrate. Mesmo que você se esqueça de tudo o que acabou de ler e passe sermões até ficar com laringite, enquanto ela não pareça entender, jamais desista de mostrar à sua filha como uma pessoa de integridade se comporta. Se você respeitar a dignidade de todo ser humano, inclusive a dela, é bem provável que ela faça o mesmo.

Senhor, preencha a lacuna

Pai, talvez eu nunca compreenda exatamente o que acontece quando as meninas estão rindo e brigando e correndo para o banheiro todas de uma vez. Mas sei que, seja lá o que for, é importante para minha filha. Por favor, preencha a lacuna entre aquilo que ela precisa para aprender sobre relacionamentos e aquilo que tenho para ensinar. Não posso fazê-lo sem o Senhor. Conto com sua ajuda, Pai.

Amém.

7

Preferia quando os meninos eram cheios de piolhos

O que foi isso?

Vocês estão prontos para um tempo de pai e filha. Ela pegou a pipoca e você está com o controle remoto. A vida é boa. Especialmente quando você consegue encontrar um filme de classificação livre que não requeira tanta explicação e orientação quanto uma caminhada pelo Distrito da Luz Vermelha.

Pelo menos foi o que você pensou quando deu uma espiada de antemão no conteúdo.

Mas, antes de terem assistido a cinco minutos de filme, sua filha aponta para um garoto adolescente na tela é diz:

— Geeente! Ele é o maior gostoso!

Você aperta o botão de pausa.

— Já precisa ir ao banheiro? — ela pergunta.

— Ele é *gostoso*? — você retruca.

— Com certeza.

> **O que dizem as minimulheres**
>
> Meu pai e eu não conversamos sobre meninos. Acho que seria legal se a gente conversasse, mas talvez a gente ficasse meio sem jeito. Acho que é assim com um monte de meninas.

Sua mente está a mil, à procura de uma possível reação. "Você é jovem demais para achar que um garoto é 'gostoso'. Aliás, onde você aprendeu isso? Com quem você está andando? Resolvido: você não vai mais pôr o pé fora de casa até completar 18 anos. Melhor ainda, 21 anos."

— Pai, dá pra gente continuar assistindo?

— Só um minuto — você diz. É evidente que se trata de um ponto crítico no relacionamento com sua filha e você não quer fazer besteira. Tem a sensação de que já fez, pois, do contrário, ela não estaria dizendo que garotos são "gostosos", certo?

— Pai-*ê*!

Você se volta para ela e procurar modular sua voz para o tom de "pai sereno".

— O que exatamente você quer dizer com "gostoso"? — você pergunta.

Os olhos dela se arregalam.

— Você não sabe?

— Sim, eu sei. — Você sabe muito bem. — Só quero ver se você acha o mesmo que eu.

— Hein?

É, você está se enrolando.

— Tá. O que você quer dizer quando fala que um garoto é "gostoso"?

Ela dá de ombros.

— Significa que ele é um gatinho, é um colírio.

Você a encara demoradamente.

— Só isso?

— É... — ela responde, encarando o controle remoto.

— E por que você acha ele um colírio?

— Sei lá. Porque ele não é imbecil igual aos meninos que eu conheço.

Você suspira aliviado.

— Então... quer dizer que você não conhece pessoalmente nenhum garoto da sua idade que seja gostoso.

— Eeeca! — ela responde, quase derrubando o saco de pipoca. — Que nojo! Todos os garotos que eu conheço são uns malas sem alça ridículos. Será que dá pra gente assistir ao filme?

Você diz que sim com a cabeça e aperta o *play*. No entanto, sua mente continua a trabalhar a pleno vapor. É um alívio saber que sua filha não interage diariamente com ninguém que ela considere "gostoso". Mas o fato de haver algo no galã da tela que sua filha sabe que é desejável, embora não seja capaz de definir o quê... talvez esse seja o pensamento mais assustador.

Você faz uma anotação mental: "Procurar uma escola só de meninas".

. . .

Deixamos este assunto por último por dois motivos. Primeiro, se o houvéssemos colocado logo no início, você teria começado a suar frio e teria jogado o livro fora. São raros os pais de pré-adolescentes que estão preparados para falar disso logo de cara.

Segundo, todas as questões sobre as quais conversamos até aqui — a forma de sua filha ver o próprio corpo, entender sua identidade e a capacidade de ser autêntica, e o desenvolvimento de suas aptidões relacionais por meio da interação com outras meninas — entram em cena quando ela percebe que talvez os meninos não sejam assim tão horríveis.

É possível que você já estivesse apreensivo a esse respeito desde que sua menina aprendeu a usar o banheiro sozinha, pois, afinal, que outros motivos o pai de um garotinha tem para ficar apreensivo? Ou talvez, no dia em que ela nasceu, você tenha decidido que esse é um assunto sobre o qual não teria de se preocupar, pois a manteria afastada de todas as coisas masculinas até completar 25 anos, idade em que você escolheria um marido para ela (depois de uma investigação detalhada e um interrogatório completo dos candidatos). Ou talvez você seja como um pai que conhecemos que, ao segurar nos braços sua filha adotiva pela primeira vez, se desmanchou em lágrimas quando olhou para o pequenino dedo anular da mão esquerda, sabendo que, um dia, algum sujeito colocaria um anel ali e levaria embora sua garotinha.

Se sua filha está na pré-adolescência, chegou a hora de pelo menos começar a pensar sobre o lugar inevitável que os garotos ocuparão na vida dela. E, se você pensa que está por fora do relacionamento dela com *meninas*, ainda não viu nada, a menos que descubra o que é saudável e o que não é nessa idade, que rumo sua filha está tomando nessa área e o que você pode fazer para ajudá--la a realizar escolhas sensatas em relação ao sexo oposto.

Para deixar claro, você *não* fará essas escolhas por ela. Contudo, sua influência é enorme no que diz respeito aos meninos e homens com os quais ela se relacionará no

> ### O que dizem as minimulheres
> Meu pai conversa comigo sobre garotos. Ele diz que vai chutar o traseiro do primeiro garoto que me convidar pra sair.

futuro e sobre a forma desses relacionamentos. Nancy começou a me dizer isso quando Marijean tinha 5 anos: você molda a atitude dela em relação aos homens, você mostra para ela como deve esperar ser tratada, você dá o exemplo do que é o amor de um homem.

Poderíamos dizer: "Não se sinta pressionado", mas a pressão é real. Na verdade, é boa. Sua filha acredita naquilo que vê em você e o ouve dizer. Se você acertar nas coisas essenciais, dará a ela a melhor chance possível de encontrar verdadeira felicidade em seus relacionamentos com homens.

O negócio é o seguinte

No que se refere a meninos nessa idade, várias coisas são normais e saudáveis, e estar ciente delas lhe dará certa tranquilidade. Você também precisa saber quais são as coisas que, como nas outras áreas que discutimos, podem levar sua filha a pular etapas. Para ajudá-lo a distinguir as questões sobre as quais desencanar (tudo bem, talvez *desencanar* seja exagero) e as questões para as quais precisa ficar extremamente atento, relacionamos cinco coisas que é preciso saber sobre sua filha pré-adolescente e meninos.

> **O que dizem as minimulheres**
>
> Eu não tenho amizade com meninos. Acho que eles são "eca".

Por que a pré-adolescente detesta meninos

Na verdade, ela não os detesta. Apenas usa essa palavra porque a hipérbole é a forma habitual de as pré-adolescentes se expressarem. Contudo, é fato que eles a chateiam. Ninguém mais a faz perder o controle, gritar e usar todo o seu vocabulário de impropérios como um garoto pré-adolescente. Afinal de contas, que história é essa? Ela tolera todo tipo de comportamento ligeiramente detestável da melhor amiga, mas, se um menino dá a menor impressão de que vai dizer algo grosseiro, ela perde as estribeiras.

> **O que dizem as minimulheres**
>
> Pelo jeito, meu pai não entende que não sou mais uma garotinha. Sempre que eu falo de passar tempo com meninos COMO AMIGOS, ele fica todo tenso e com um ar preocupado. Ele simplesmente não entende que não tem nada de errado em ter amizade com garotos quando a gente tem 12 anos. Queria que ele entendesse isso. Mas, com certeza, todos os pais são assim.

Em parte, isso acontece porque os meninos fazem certas coisas de propósito só para irritar as meninas. Está na descrição de cargo deles. É por isso que Nancy e as minimulheres com as quais ela conversa os chamam de MSARs (Malas Sem Alça Ridículos).

Lembra-se de quais eram os *seus* motivos para irritar as meninas quando era garoto? Em parte, os meninos o fazem porque é divertido, mas a questão é mais profunda e raramente um garoto pré-adolescente tem consciência do que o leva a zombar da risada de uma menina ou a fazer ruídos de pum com a mão na axila na hora do lanche. Ele quer a atenção das meninas, mas ainda não sabe como interagir de verdade, de modo que recorre a qualquer coisa que as faça reparar na existência dele, porém não exija que converse com elas. Parte dessa incapacidade de mostrar aptidão social com meninas nasce do fato de que, em geral, elas amadurecem mais rápido que os meninos e, na pré-adolescência, essa diferença se torna evidente.

É esse mesmo nível mais elevado de maturidade social que leva uma menina a olhar com desprezo para os garotos de sua idade. Para elas, a atenção toda que os meninos dão às funções corporais é nojenta, e elas ficam sem graça com as gozações nas quais eles são especialistas. Quando um garoto pré-adolescente está perto de meninas, em particular daquelas que ele secretamente considera atraentes, parece que nada é filtrado por seu cérebro antes de sair pela boca. Ele solta um comentário sarcástico sobre o cabelo rebelde da garota quando, na verdade, se sente atraído por seus olhos azuis. Claro que estamos generalizando. Há alguns meninos muito legais, cujos pais os ensinaram como tratar as pessoas. Mas a tendência das meninas é colocar todos no mesmo saco e declarar que *todos* são cheios de piolhos e assumir uma atitude defensiva cada vez que um deles se aproxima.

A maioria dos papais acha isso ótimo.

Por que a pré-adolescente gosta de meninos

Sim, ao mesmo tempo que ela os despreza, gosta deles. Sua opinião muda ao longo da pré-adolescência e passa de: "Eu odeio todos os meninos!" para "Tá, alguns garotos são legais" e, por fim, para "Como eu não havia reparado que tantos garotos são gatinhos?".

Isso não é sinal de que sua pré-adolescente está ficando louca por meninos e que você precisa procurar um convento se ela comentar que determinado garoto é um ga-

> **O que dizem as minimulheres**
> Acho que os meninos não ficaram menos chatos. Eu que não ligo mais.

tinho (ou "gostoso", o que para ela é a mesma coisa). Se ela tem amizade com meninos, é bom sinal. À medida que ela cresce, descobre que eles fazem menos fofoca e, com certeza, menos drama que as meninas. Pode ser até que se apaixone por alguém, questão da qual trataremos em breve.

Tudo isso é física e psicologicamente normal. Os hormônios a levam a interessar-se pelo sexo oposto. De outro modo, a raça humana teria um fim súbito. Em termos de desenvolvimento, ela está no lugar certo. As coisas estão se encaminhando de acordo com o Plano Divino. Você é que resolveu que ela precisa ser uma garotinha para sempre.

Ao mesmo tempo que tudo isso está acontecendo dentro dela, de vez em quando aparece um garoto da mesma idade com boas maneiras, a capacidade de ter uma conversa que não inclua insultos, e um jeito de andar que muda o compasso do coraçãozinho dela. Isso porque, como você deve se lembrar, os meninos também estão passando por mudanças hormonais e pelo desenvolvimento pré-adolescente. Alguns deles estão descobrindo que, se forem legais com as meninas, obterão melhores resultados. Ambos estão se transformando em seres humanos civilizados que, um dia, procurarão um(a) companheiro(a). É um processo longo, que começa com esses pequenos estremecimentos do coração.

Por que ela se apaixona por ídolos adolescentes

Não que muitos meninos estejam interessados num "relacionamento romântico" aos 10 anos. Verdade seja dita, embora muitas meninas sonhem com isso, têm tanto medo quanto eles. É muito mais seguro se apaixonar por uma celebridade que ela não tenha a menor esperança de encontrar. Pode admirá-lo de longe, colar pôsteres dele pelo quarto e sonhar acordada o dia todo sobre como seria um encontro com ele, tudo isso sem correr o risco de ser rejeitada. É um excelente treino para lidar com os sentimentos, porque estes não lhe causarão mágoa.

Enquanto a pré-adolescente mais jovem costuma se encantar com os membros de bandas de garotos e com atores do *Disney Channel*, uma menina de 11 ou 12 anos pode voltar suas afeições secretas para um adulto que ela conheça: um jovem professor de matemática, o pastor do grupo de adolescentes, o universitário que ajuda a treinar seu time de vôlei. Pode se imaginar tendo longas e profundas conversas com ele, mas, no instante em que o rapaz olha em sua direção na vida real, ela se torna tão inarticulada quanto o Gaguinho, pois, na verdade, deseja manter a relação unilateralmente. É possível ela receber atenção inocente dele em dose suficiente para fazer seu coração bater mais rápido sem precisar se preocupar com o que terá de fazer em seguida. Enquanto isso, ela forma o conceito daquilo que deseja num homem, e suas paixonites lhe fornecem informações importantes.

O que dizem as minimulheres

Eu + Justin Bieber = ♥♥♥

O que "sair" com um garoto significa nessa idade

Quando meninas pré-adolescentes falam de "sair" com garotos, sempre tenho vontade de perguntar: "Aonde eles vão. Quem vai levá-los? Essas meninas não têm pais?". A primeira vez que um garoto apareceu em nossa casa para bater papo com Marijean, quando ela estava no sexto ano, eu disse a Nancy: "É melhor esse malandrinho ficar longe da nossa filha". Que história é essa? Sair com um garoto? Aos 11 anos?

Não se estresse, pai. Quando as pré-adolescentes dizem que vão "sair" com um menino estão se referindo ao "lance de namoro", o que só se torna reconfortante quando você descobre o que "namorar" significa para uma pré-adolescente. Com base nas informações que as minimulheres nos deram, é algo assim:

Você gosta de um menino mais que gosta de todos os outros, pelo menos por hoje, e você descobre que, nesta semana, ele também gosta de você. Pode ser que vocês escrevam bilhetes um para o outro ou troquem olhares na sala de aula, ou andem até a cantina juntos, mas é provável que não comam o lanche juntos porque os amigos dele zoariam com ele, e aí ele seria obrigado a terminar com você. Talvez haja um telefonema ou dois. As coisas podem ficar mais

O que dizem as minimulheres

Como somos pré-adolescentes, nós dois não "saímos" de verdade. É mais, tipo, sentar juntos no intervalo. Mas às vezes a gente sai pra caminhar, dar uma volta juntos, quando nossos pais deixam.

* * *

Minha BFF disse que namorar um garoto é ir na casa dele para ficar de boa. Eu pensei que isso fosse ir brincar na casa de alguém.

* * *

Namorar não significa nada na minha idade. Nem precisa significar. Acho que as pessoas só namoram pra inventar drama. Eu não quero um namorado aos 12 anos, mas me pergunto por que minha amiga arranjou um. Acho que ela fez isso por pressão de outros.

interessantes se outra menina também gostar de seu namorado, especialmente se essa outra menina for sua BFF. Nesse caso, *você* é obrigada a terminar com *ele*, pois melhores amigas têm prioridade sobre namorados. Pode ser que você chore quando terminarem, mas é provável que não, pelo menos não como você choraria se, tipo, você e sua BFF tivessem deixado de ser amigas.

Por que parece ser cedo demais

Na realidade, é tudo bem inocente e inofensivo. Ainda assim, porém, não há como evitar a pergunta: "Será que não está começando mais cedo agora que em gerações passadas?". Na verdade, não. Nancy se lembra de romances que surgiram em sua turma no sexto ano — e isso cinquenta anos atrás. De acordo com professores do ensino fundamental, por algum motivo misterioso, essa é sempre a época em que meninos e meninas começam a reparar uns nos outros e a corar.

Segundo o psicopedagogo Bryan Greeson, o que mudou é a liberdade que os pré-adolescentes têm para agir em razão de suas paixonites.[1] Meninos e meninas realizam mais atividades juntos. Mais pré-adolescentes têm seus próprios telefones celulares. Alguns pais até facilitam os encontros ao darem uma carona para seus pré-adolescentes até o cinema. Volto a perguntar: "Essas meninas não têm pais?".

> **O que dizem as minimulheres**
>
> Algumas das minhas amigas no quarto ano já "namoram" os garotos de quem estão a fim. Mas parece que nunca dá certo; então nem quero saber. Eu curto ser criança.

A ideia de que as crianças estão amadurecendo mais cedo, imposta por todos, desde fabricantes de brinquedos até lojas de roupas, é, em parte, responsável por isso. Tanto os pré-adolescentes como os pais têm a impressão de que esta geração é, de algum modo, mais madura do que a anterior, e então meninos e meninas estão preparados para coisas que seus irmãos mais velhos não estavam na época deles. Não entendo a lógica dessa impressão, mas, de algum modo, ela levou algumas mães e pais a desistirem de influenciar os futuros namoros da filha e até a incentivar suas meninas a seguirem a tendência atual. Acrescente a essa mistura todo o material sexualmente sugestivo veiculado pela mídia ao qual elas estão expostas. Não é de admirar que garotas de 10 anos pensem que precisam arranjar um namorado e ser "*sexy*", seja lá o que isso quer dizer.

> **O que dizem as minimulheres**
>
> Quando eu era mais nova, tinha amizade com uma porção de meninos. Uma vez, quis convidar um desses garotos pra dormir em casa. Não entendi o que tinha de errado. Aí meu pai explicou para mim. Ainda não entendo. Afinal de contas, eu tinha só 8 anos.

É com *isso* que os pais precisam se preocupar. Não se a filha é apaixonada por Zac Efron ou se tem uma crise de risadinhas com as amigas ao pensar em quem no sexto ano é um "gatinho" (ou "gostoso"), mas se ela está sendo pressionada a fazer coisas para as quais ninguém está preparado aos 11 ou 12 anos, nem mesmo aos 16. Você não precisa lutar contra aquilo que está acontecendo dentro dela, mas, sim, contra o mundo que está tentando roubar a inocência dela.

Na real

Antes de assumir seu papel de principal influência do futuro amoroso de sua filha (ou de continuar a desempenhá-lo, caso já tenha entendido que é uma de suas funções), é bom ter alguma ideia de onde sua filha se encontra na escala que vai de "Eca! Meninos são nojentos!" até "Tô namorando".

Você já sabe como funciona. Marque as afirmações que se aplicam à sua filha, pelo menos pelo que você sabe.

Minha filha:

1. Nunca menciona garotos, em nenhum contexto; para ela é como se não existissem.

2. Deixa claro, em termos inequívocos, que todos os meninos são MSARs.

3. Menciona alguns MSARs, mas não considera todos os membros do sexo oposto incorrigíveis e nojentos.

4. É apaixonada por alguma celebridade (têm pôsteres dele no quarto, ouve suas músicas repetidamente, solta gritinhos cada vez que ele aparece na televisão).

5. Parece admirar uma figura masculina adulta que faz parte da vida dela (além de você, é claro).

6. Parece se dar tão bem com meninos como com meninas.

7. Parece se dar melhor com os amigos do que com as amigas.

8. Tem um amigo chegado (que não deve ser confundido com um namorado — ela consegue falar desse menino sem corar).

> **O que dizem as minimulheres**
>
> Se gosto de um menino, não conto, porque senão meu pai tira um barato de mim por um tempão. Não me importo tanto assim, mas é difícil fazer cara de paisagem enquanto digo pra ele que não é verdade.

9. Outros tiram um barato dela por causa desse menino, mas ela não está nem aí.

10. Ouve uma porção de gozações por causa desse amigo e declara para todos que os dois NÃO estão namorando.

11. Pelo jeito de mencionar o nome de um menino, você sabe que é um namorado em potencial.

12. Fica vermelha e protesta quando você tira um barato dela sobre um possível namorado.

13. Perguntou a você se tem algum problema ela namorar alguém da escola.

14. Declarou que ela e um garoto estão "saindo" juntos.

15. Fala sem parar sobre meninos — todos os meninos — o tempo todo.

16. Pediu para você dar carona para ela e um menino até algum lugar para um "encontro".

17. Gosta de passar tempo com meninos mais velhos e se produz toda para essas ocasiões.

Preste atenção nas declarações que você marcou a fim de saber o que se aplica à medida que avançarmos em nossa discussão. Qualquer item de 1 a 12 é realidade com a qual você deve ser capaz de conviver. Ela é normal e saudável; então por que querer que ela mude?

Se você percebeu que algumas das declarações de 13 a 17 se aplicam à sua filha, não significa que ela tenha uma vida amorosa secreta. Mas, quanto mais alto for o número marcado, maior atenção exigirá da sua parte e mais cedo você terá de definir com ela algumas regras básicas. Falaremos de tudo isso na seção "Onde eu entro em cena?". Primeiro veja o que o Pai supremo tem a dizer sobre o assunto.

O que dizem as minimulheres

Quero me casar com um homem cristão, alguém que seja bem parecido com meu pai. Tem algumas coisas no meu pai que me fazem pensar: "Quero ter um marido assim", tipo, ele sempre diz pra minha mãe que ela é linda. Mas tem outras coisas que eu penso: "Dá um tempo. Eu NÃO quero me casar com alguém assim. Tipo, com alguém que não seja cristão...".

* * *

Quando meu pai conversa comigo sobre meninos, ele não me dá conselhos. Geralmente, ele senta e ouve enquanto falo. E tira um barato de mim, o que é legal. Quero que o homem com quem eu me casar tenha algumas características do meu pai, tipo, ser capaz de me fazer rir, e de me ouvir falar sobre meus sentimentos.

Aprendendo com o Mestre

Quando os homens começaram a multiplicar-se na terra e lhes nasceram filhas, os filhos de Deus viram que as filhas dos homens eram bonitas.

Gênesis 6.1

Tem acontecido desde o começo dos tempos. As filhas dos homens começam a se tornar bonitas, e os filhos começam a notar. É tão natural quanto os pássaros construírem ninhos e as abelhas... Bom, deu para entender, não? Raquel reparou em Jacó quando era praticamente uma menina pelos padrões de hoje (embora, pelo visto, com um corpo escultural). Ester foi escolhida para ser rainha quando ainda era adolescente. E, de acordo com as estimativas da maioria dos estudiosos, Maria foi escolhida para ser a mãe de Cristo quando tinha uns 14 anos.

Deus planejou que as meninas se tornassem atraentes para os meninos, e que eles reparassem. É um fato indiscutível. Entretanto, é um fato que muitas vezes nós, pais, queremos discutir.

Matutamos: "Ela nem deveria estar pensando em meninos. É jovem demais para saber o que é amor. Se eu deixar que ela namore aos 12 anos, é capaz de ficar grávida aos 16".

Quando entramos nessa, não só negamos a atração hormonal e psicológica que está presente, como também deixamos de ver a outra parte que Deus nos mostra no tocante a essa questão, ou seja, o papel do pai.

Não podemos depender demais dos pais do Antigo Testamento. Labão usou suas filhas para manipular Jacó (Gn 29) e, quando Diná, filha de Jacó, foi violentada, ele ficou bravo porque os filhos dele se recusaram a adotar uma postura hipócrita, se vingaram e complicaram o nome *dele* (Gn 34). Saul tratou sua filha Mical como um peão no jogo político. E, embora Davi tenha se enfurecido com Amnom por ele haver violentado e desprezado sua irmã Tamar, não tomou nenhuma providência. "E Tamar, muito triste, ficou na casa de seu irmão Absalão" (2Sm 13.20).

Esses pais se mostraram, de algum modo, presos aos costumes e ao cenário político de sua época. Não é nosso caso, pois Jesus resolveu isso. Sua única obrigação é seguir as instruções exatas do Mestre: "Deixem vir a mim as crianças, não as impeçam; pois o Reino de Deus pertence aos que são semelhantes a elas" (Mc 10.14).

O que dizem as minimulheres

Quando eu era pré--adolescente, não me interessava por meninos. Mas, de vez em quando, meu pai tocava nesse assunto numa boa, falava que algum dia eu encontraria um cara especial, e que um dia eu me interessaria por garotos. Claro que, naquela idade, eu me encolhia toda de nojo só de pensar em me apaixonar por um menino. Eu achava que meninas que andavam com garotos tinham um parafuso a menos.

O que dizem as minimulheres

Se meu pai conversa comigo sobre meninos? Há! Ele deixa isso pra minha mãe.

Ele não diz: "Neguem os sentimentos e prazeres de seus filhos". Diz para amarmos nossos filhos como *o* amamos.

Portanto, não podemos ordenar nossas meninas a tirar os garotos da cabeça, assim como não ordenamos que não menstruem ou não desenvolvam seios. Antes, as ensinamos sobre amor, pureza, honestidade e respeito próprio. Abraçamos nossas meninas quando elas se sentem desprezadas ou tratadas de forma injusta, acolhemos suas dúvidas e lhes damos o exemplo de uma vida que honre a Deus.

Ainda assim, você se preocupará da primeira vez que ela sair sozinha com um menino em algum momento do futuro. Do futuro *distante*. Quando esse dia chegar, você terá vontade de interrogar candidatos a namorado sob um holofote. Mas não negue à sua filha o direito de ter esses sentimentos. Mostre-lhe apenas como examiná-los e expressá-los de modo agradável a Deus.

Sua maior ajuda vem de Deus, portanto comece a orar, caso já não esteja orando. Acrescentaremos a isso algumas sugestões.

> ### O que dizem as minimulheres
> Quando meu pai conversava comigo sobre meninos, não era exigente nem me dizia o que pensar ou fazer, mas compartilhava a opinião DELE e me falava que, se eu tivesse alguma ideia diferente, podíamos discuti-la. Em minha opinião, era bem legal. Todos os pais deveriam conversar com as filhas desse jeito.

Onde eu entro em cena?

Não importa onde sua filha esteja na escala de interação com os garotos, nem quais sejam suas ideias a respeito da vida romântica de sua menina no futuro, há cinco coisas que praticamente todos os pais de pré-adolescentes precisam fazer ou, pelo menos, levar em consideração.

> ### O que dizem as minimulheres
> Meu pai não teve, tipo, "a conversa" comigo, nem nada do gênero. Em boa parte da minha pré-adolescência, eu tinha vergonha demais de conversar com ele, apesar de ter UM MONTE de perguntas e ideias confusas.

Mostre-lhe quanto ela é feminina
Na mesma fase em que ela está começando a querer que os meninos a considerem bonita, eles intensificam as gozações porque se assustam de ver quanto ela está se tornando bonita. A autoimagem dela como garota linda e feminina pode ir ralo abaixo em cinco minutos na aula de

geografia. Ela precisa da garantia de que é uma minimulher maravilhosa, e acreditará muito mais prontamente em você do que na mãe dela. Afinal, em outros tempos, você foi menino e sabe do que eles gostam.

Como fazer isso? No *blog* de Nancy para pré-adolescentes, a maioria das meninas votou a favor dos "encontros com o pai" que mencionamos anteriormente. Além de ser uma forma divertida de conhecer melhor sua filha, os encontros lhe dão a oportunidade de mostrar o que *você* sabe a respeito dela que talvez nem ela mesma saiba. Pense num jantar em algum lugar um pouco mais sofisticado que o McDonald's. Um passeio surpresa no *shopping* para comprar uma roupa nova. Um cartão só seu no aniversário dela. Tudo isso mostra que ela é uma garota digna de ser amada.

Fique atento para descobrir em que ponto ela se encontra na interação com os meninos

Trata-se de algo particularmente importante se você não conseguiu marcar muitos itens na lista da seção "Na real", mas também se aplica àqueles pais que pensam saber tudo sobre a filha. Nessa fase, as meninas mudam de ideia da noite para o dia. Você ficará surpreso com o que irá descobrir se: (a) perguntar; e (b) prestar atenção no que ela tem a dizer até o final, sem definir uma porção de regras de como as coisas serão daqui para a frente. Falaremos mais a esse respeito. Essa conversa não tem a ver apenas com a questão dos meninos, mas também com relacionamento entre

---

O que dizem as minimulheres

Meu pai diz coisas tipo: "Acho que meninas não devem convidar garotos pra sair. Tem de ser o contrário" e "Todo relacionamento tem limites" e "Você não deve ter medo de se livrar de um garoto se precisar". Só que ele não fala exatamente desse jeito, palavra por palavra. Ele diz de um jeito de pai. Tipo, demorado.

O que dizem as minimulheres

Por causa da atitude rígida do meu pai em relação a meninos, tenho a impressão de que não posso nem ter amizade com um garoto, o que me deixa chateada e confusa e bem mal comigo mesma, porque ninguém mais parece ter problema em conversar com eles.

***

Toda vez que meu pai vê uma moto, ele me diz que eu não tenho permissão de namorar um cara que tenha moto. Uma vez ele disse isso quando TODOS os amigos do meu irmão estavam no carro com a gente. Todo mundo ficou SUPER sem graça, menos o meu pai. Me deu vontade de chorar.

vocês dois. Você está abrindo um canal para que ela se sinta à vontade para procurá-lo quando precisar.

O que perguntar? Não estamos falando de física nuclear. Quando vocês estiverem a sós (com certeza, quando não houver irmãos presentes) e você não estiver distraído, simplesmente lhe pergunte o que pensa dos meninos. Ainda são MSARs? Alguns deles são legais? As meninas na classe dela já têm namorados? O que ela entende por "namorar"? Claro que não deve ser um interrogatório. É provável que nem precise ser. A maioria das pré-adolescentes lhe dará uma resposta de pelo menos vinte minutos para qualquer uma dessas perguntas se souber que você não está procurando motivos para lhe passar um sermão.

O que dizem as minimulheres

Quando eu era pré-adolescente, preferia os meus amigos às minhas amigas. Acho que meu pai gostava disso. Eu era a sua molequinha que conseguia se virar no meio dos meninos.

Você deve *apenas* ouvir? A princípio, sim. Uma vez que ela desacelerar, e dependendo do que ela disser, você pode expressar suas ideias principais e até começar a trabalhar com ela para definir algumas diretrizes. Nessa idade, talvez inclua:

- Manter a interação com meninos no devido lugar (essa não é coisa mais importante da vida dela).
- Lidar com a pressão para namorar, embora, nesse momento, ela não ligue a mínima.
- Fazer amizade com meninos em vez de enfatizar o aspecto romântico.
- Prepará-la para lidar com apostas (tipo, "aposto como você não tem coragem de beijar o...") e gozações.
- Conversar sobre a idade mais apropriada para começar a namorar.
- Deixar claro que músicas que combinem sexo e violência ou incentivem a promiscuidade são inaceitáveis. Usar da mesma cautela e atenção na escolha de filmes.

Três coisas que você não deve fazer ao conversar com ela sobre meninos:

1. Tentar arrancar informações dela (essa é a melhor maneira de garantir que ela se fechará feito uma ostra).
2. Fazer gozações que ela obviamente não curte (e que, muitas vezes, nascem do fato de *você* estar sem graça).

3. Começar um sermão em vez de lhe ensinar como fazer escolhas sensatas. Afinal, na privacidade de sua filha, *ela* fará as escolhas, e não você.

Você deve conversar com ela sobre sexo? Só se ela perguntar e só depois de você e a mãe dela terem discutido como abordar o assunto. Nancy e eu concordamos que responderíamos a qualquer pergunta que Marijean fizesse e lhe daríamos todas as informações de que ela precisasse naquele momento. Devo reconhecer que foi um alívio ela só ter me procurado para falar sobre sexo quando era adolescente. As pré-adolescentes normalmente se sentem confusas e sem jeito quando se trata do funcionamento misterioso de seu corpo e do que isso tem a ver com sexo, mesmo sem precisar tratar da questão com o pai. Apenas esteja preparado caso o assunto venha à baila, como aconteceu com um pai que conhecemos. Enquanto a esposa dele estava viajando, a filha perguntou para ele de onde vinham os bebês. Ele se sentiu totalmente perdido sem uma apresentação de PowerPoint preparada.

Ofereça-lhe o ponto de vista masculino

É uma péssima ideia colocar sobre os ombros da mãe todo o peso de lidar com a questão dos meninos, mesmo que vocês não morem juntos. Aliás, que sentido faz? *Você* é quem sabe como a cabeça dos meninos funciona. *Você* é quem pode dizer para ela como os mini-homens estão começando a vê-la. Por que deixar tudo para a mãe, se ela conhece menos sobre o assunto do que você?

No momento, você é a única chance que sua filha tem de ver as coisas pela perspectiva de um menino. Ela precisa disso para que, algum dia, passe a ver os meninos como pessoas, em vez de enxergá-los como criaturas misteriosas das quais talvez ela fuja ou com as quais se encante de tal modo que não consiga pensar em outra coisa.

Estamos falando de um ponto de vista honesto, e não a partir daquilo que você deseja que ela pense dos meninos para ficar bem longe deles. Por exemplo, de acordo

> **O que dizem as minimulheres**
> Meu pai teve de me dar mais liberdade em vários sentidos. Mas o amor dele por mim não mudou, e sei que nunca vai mudar.

com sua própria experiência, é verdade mesmo que "Os garotos só pensam naquilo?". Será que não dá para dizer, em vez disso, que é possível ela ter amizade com um garoto? Não pode ensiná-la a identificar um menino legal e ajudá-la a desenvolver um radar anti-imbecis? Não pode explicar para ela como é a fase pela qual os meninos estão passando a fim de que tenha um pouco de compaixão deles em vez de gritar toda vez que derrubam o lápis dela da mesa para chamar a atenção?

Se você assumir essa atitude, abrirá um canal de comunicação entre vocês dois, de modo que, quando ela for mais velha e se relacionar com meninos, continuará a pedir sua opinião e compartilhar algumas coisas que estão acontecendo, embora você nunca vá ficar sabendo de tudo. Ela vai acreditar que pode ter um relacionamento emocional e até mesmo espiritual com um cara legal sem ter sexo. Terá a convicção de que nem todo mundo "tá fazendo aquilo". Saberá disso tudo por sua causa e por causa do alicerce que você está lançando agora, quando estão apenas conversando sobre gostar de meninos, e não sobre como resistir a qualquer interação com eles.

> **O que dizem as minimulheres**
>
> O exemplo do meu pai com certeza terá influência na hora em que eu for escolher com quem vou me casar. Aliás, às vezes reparo que algumas coisas do caráter dos rapazes pelos quais me apaixono me lembram meu pai. Meio assustador isso.

Demonstre respeito pelos relacionamentos saudáveis dela com meninos

Conhecemos um pai que ameaçava usar sua camiseta com a sigla PCNF cada vez que um menino se aproximava de sua filha de 12 anos. (Para quem não sabe, PCNF quer dizer Pais Contra os Namorados das Filhas.) No caso dele, era só brincadeira. No caso de muitos outros pais, é sério. É provável que considerem seu dever tornar essa questão absolutamente inesquecível para a filha. Ou, então, não percebem o efeito que sua atitude tem. É difícil, porém, não perceber as lágrimas e — adivinhe — as fugas para o banheiro. Mas isso não dura muito tempo. Até uma garota de 11 anos aprende logo a deixar o pai de fora de qualquer coisa que tenha a ver com meninos só para evitar a chateação, o que não é uma situação favorável na adolescência. Além do mais, os pais que fazem isso perdem a oportunidade de ver as filhas brilharem à luz do afeto de outros.

> **O que dizem as minimulheres**
>
> Gostaria que os pais entendessem: se querem que suas filhas confiem em vocês, então não podem gritar com elas. Se elas precisam de disciplina, coloquem de castigo, mas não gritem.

Não estamos sugerindo que você a incentive a trazer garotos para casa. Apenas respeite o lugar em que ela se encontra na escala de 1 a 17 da interação com meninos (seção "Na real"). Algumas dicas:

• Não assuste cada garotinho que aparecer em sua casa. A presença dele não é motivo para um interrogatório nem uma investigação de antecedentes criminais. O menino tem apenas 10 anos.

• Receba os amigos dela da mesma forma que você recebe as amigas. Não faça estardalhaço só porque ele é menino.

• Não pergunte do "namorado" na frente das amigas dela.

• Não transforme a questão em piada, especialmente se ela o procurar para conversar sobre um problema. Isso não significa que você não deva ter senso de humor. Sem ele, você está perdido. Só não faça gozações nem minimize a importância da questão para ela.

• Não lhe pergunte por que ela não se interessa por meninos, como se houvesse algo de errado.

Se sua filha der sinais de que está se transformando numa louca por meninos e quiser passar tempo com os amigos do irmão mais velho ou fica extremamente emotiva por causa do "rompimento de um namoro", essas são questões que você e a mãe dela certamente terão de tratar, mas até isso pode ser feito com bondade e respeito. Como dissemos antes, sempre há um motivo por trás do comportamento de qualquer

> **O que dizem as minimulheres**
> Quero que o caráter do meu futuro marido seja igual ao do meu pai. Eu amo meu pai D+!

jovem. Algo a levou a acreditar que, para se sentir importante, ela precisa se esforçar para obter a atenção dos garotos. Quem sabe o que foi? Talvez, seja apenas necessidade de passar mais tempo com você.

Queremos dar a advertência mais séria de todas sobre a superproteção associada à interação com garotos. Neste caso, nos referimos à ideia de proibi-la completamente de conversar com ou a respeito de meninos. Como dissemos anteriormente, esse tipo de proteção excessiva mostra que você não confia nela ou que ela é fraca demais para se cuidar, até nas menores coisas. Na maioria das vezes, quando o pai se transforma num agente secreto nessa área, é porque tem medo de que a filha adotará as ideias da cultura erotizada e começará a participar dela aos 12 anos. Isso não acontecerá com sua filha se você trabalhar com ela para que desenvolva força pessoal para resistir à pressão dos colegas e para encontrar maneiras de mudar as atitudes de seu mundo. O risco de que um colega de 11 anos se aproveite dela é mínimo. Então por que não usar essa oportunidade para lhe ensinar como interagir com meninos e exigir respeito, em vez de construir um muro ao redor dela? Ajude-a a escolher conteúdo da mídia que retrate as mulheres como iguais, mas que, ao mesmo tempo, enfatize suas características femininas especiais. Mostre-lhe como se defender sem dar piti. Faça todo o possível para fortalecê-la de modo que não perca a diversão saudável com meninos só porque você tem certeza de que algo de ruim irá acontecer com ela. Suas regras devem ser baseadas na segurança e no bem-estar *dela*, e não em *seu* controle e medo.

Mostre que tipo de tratamento ela deve esperar dos homens

Na verdade, é algo que você faz automaticamente, sem perceber. A forma de você a tratar agora será o padrão que ela usará quando começar a se relacionar com garotos. Se você a tratar como uma minimulher respeitável, ela irá querer que os garotos façam o mesmo. Se você se mostrar distante e só conversar com ela quando ela tiver feito algo errado ou quando quiser que ela faça alguma tarefa doméstica, ela aprenderá a ser reservada e manipuladora para conseguir a atenção que deseja receber dos homens. Se você não prover para ela o que há de melhor em sua forma de tratá-la, ela não esperará o melhor de outros homens. De acordo com Joe Kelly, autor e blogueiro que criou sozinho duas filhas: "Você ainda se encontra na posição poderosa de 'primeiro homem', que estabelece para ela a norma de masculinidade, uma norma que, em última análise, será mais relevante do que qualquer coisa que outros lhe digam, inclusive a mensagem hipererotizada de nossa cultura e mídia".[2] Grupos de apoio para vítimas de violência doméstica começaram a usar bailes de pais e filhas como programa preventivo, dando aos pais a oportunidade de mostrar para as filhas que elas merecem o respeito de seu futuro namorado e marido. Enquanto uma menina dança pelo salão nos braços do pai, adquire uma consciência saudável de como um homem deve valorizá-la.

O que dizem as minimulheres

Meu pai sempre esteve presente, sempre tentou entender. Às vezes ele não tem a mínima noção, mas sei que quer me ajudar. Meu pai me ama, e isso compensa todos os erros que ele cometeu.

Em última análise, sua filha irá comparar todos os garotos com você. Será que você é o tipo de homem pelo qual gostaria que sua filha se apaixonasse, namorasse e com o qual se casasse? Você está definindo os parâmetros.

Cara, uma coisa dessa deve fazê-lo tremer nas bases.

Senhor, preencha a lacuna

Pai, sei que nem sempre sou o homem que minha filha precisa que eu seja a fim de orientá-la a respeito dos meninos hoje e servir de modelo para o tipo de sujeito que o Senhor quer na vida dela no futuro. Portanto, peço que o Senhor preencha a lacuna entre aquilo que ela precisa de mim e aquilo que tenho a oferecer. Não posso fazê-lo sem o Senhor. Conto com sua ajuda, Pai.

Amém.

Epílogo: Um pai bom o bastante

Foi difícil ajudar na produção deste livro. Quanto mais me lembrava da pré-adolescência de Marijean, mais pensava: "Não fui o pai que poderia ter sido". Muitas das sugestões que ofereci são baseadas em perguntas que ainda faço para mim mesmo:

- Será que passei tempo suficiente com ela?
- Respondi a suas perguntas mais importantes?
- Disse-lhe com a frequência necessária que ela era uma pessoa linda, talentosa e singular?
- Demonstrei-lhe meu amor de forma suficiente?

Devo dizer, porém, que houve momentos extraordinários nos quais tive certeza de que havia feito o que era preciso:

- Quando Marijean me disse, na adolescência: "Você tem razão pai. Preciso tomar cuidado com o tipo de situação em que me meto".
- Quando ela me agradeceu por ter lhe ensinado bons modos, pois ela tinha colegas de faculdade que nem sabiam como se comportar num restaurante.
- Quando ela pediu apoio durante um divórcio precoce. Fiquei surpreso de ver sua integridade e força em meio a circunstâncias extremamente dolorosas.
- Quando ela conheceu um bom homem e se casou pela segunda vez, e disse que desejava um casamento como o nosso.
- Quando ela me pediu para fazer o berço do neto que estava para nascer.

Sempre que começo a me culpar por aquilo que poderia ter feito melhor, leio um *e-mail* que minha filha enviou pouco tempo atrás.

"Você e eu nunca fomos do tipo emotivo e meloso", ela escreve. "Sei, e nunca duvidei, que você me ama. E dizemos isso um para o outro. Só não com todas as letras, ou de um jeito piegas, cheio de beijos e abraços".

Em seguida, no melhor estilo Marijean, ela o diz com todas as letras:

"Sem dúvida, houve momentos na infância e até lá pelos meus 17 anos, em que tivemos de fazer um bocado de esforço para nos entender. Você sempre teve uma percepção extraordinária daquilo que estava acontecendo comigo, daquilo de que eu precisava. Você sabe até comprar coisas para mim melhor que a mamãe".

Em seguida ela explicou por que, a seu ver, entrávamos em conflito "cerca de 50% do tempo", e sua observação não podia ser mais correta. Quando estávamos só nós dois, nos dávamos muito bem, mas, quando a mãe estava presente, tanto Marijean quanto eu competíamos pela atenção dela, pois ela fazia aflorar o que havia de melhor em nós, e queríamos nos sentir importantes. É claro, também éramos tão parecidos e recorríamos tão rapidamente às emoções "negativas", como a raiva, que sempre acabávamos colidindo um com o outro. Mas ela chegou a uma conclusão que veio acompanhada de cura:

"Quando finalmente aprendi que emoções como a raiva não são inteiramente ruins, comecei a me ver e a ver você sob uma ótica diferente. Comecei a perceber que você e eu nunca iríamos nos relacionar como a mamãe e eu nos relacionamos, e que não havia nada de errado com isso".

E como era o nosso relacionamento aos seus olhos?

"Quando penso em você, penso em poder, ação e conhecimento prático. Você é a pessoa que quero ter por perto quando meu carro quebra, quando preciso ir ao pronto-socorro, quando nossa árvore cai em cima da casa do vizinho. Sei que me ama porque me protegeria e cuidaria de mim em qualquer situação. Se eu fosse sequestrada, você me encontraria. Se eu quebrasse a perna numa caminhada pela mata, você faria uma tala e me carregaria de volta, apesar de seus problemas nas costas, que tornam difícil até se levantar de uma cadeira. Acho que os homens devem ser como você: versáteis, aptos a lidar com as crises, bem informados sobre uma gama absurdamente ampla de assuntos, engraçados, prontos a matar e morrer por mim. Acredito de verdade que você seria capaz de fazer um paraquedas e pular de um arranha-céu em chamas e aterrissar em segurança depois de derrubar a tiros o helicóptero dos vilões. Será que isso é como idolatrar um herói? Acho que sim. Será que é realista? Não de todo, mas também não é inteiramente sem fundamento. Tipo, é verdade que você SABE fazer essas coisas. E também construir casas e fazer móveis de excelente qualidade, e mexer com equipamentos eletrônicos e consertar carros e cortar árvores e dirigir barcos e dar nós diferentes e cozinhar e usar uma máquina de costura e fazer a iluminação de um palco e atuar e dar sustos nas pessoas de brincadeira e praticar todos os tipos de esporte e sobreviver na neve e..."

Eu não disse que sua filha está de olho naquilo que você faz? Só para esclarecer, não sou capaz de fazer um paraquedas e aterrissar em segurança depois de derrubar a tiros um helicóptero cheio de vilões. Mas é legal saber que ela pensa que sou.

Mas Marijean ainda tinha mais coisas a dizer (quase sempre tem): "Acho que muitas vezes, quando eu era criança, você não estava por perto. E acho que a gente teve muitas brigas e tensões desnecessárias. Não quero mais gastar tempo pensando no tipo de pai que você poderia ter sido. Você se saiu muito melhor que os pais de muitas outras pessoas. Apesar de passar um bocado de tempo fora de casa, ou de a maioria das nossas conversas por telefone consistir em 'Quer falar com sua mãe?', você não é emocionalmente distante, e nunca foi. Você não é o Pai Ausente. Não é o Pai Indiferente. É o oposto disso. É o Pai Superintenso. O Pai Supercompetente. É algo que vem em pequenas doses, e agora acho que é melhor assim. Você é o tipo de pai que está por perto quando preciso, mas que me educou para não precisar de você o tempo todo. A mamãe me ensinou a amar a mim mesma e saber me expressar. Você me educou para ser autossuficiente".

Sempre tem uma pausa nessa parte, quando eu pego um lenço de papel e assoo o nariz antes de conseguir terminar de ler.

"Amo e respeito você quase mais que a qualquer outra pessoa neste mundo, pai. Sinto-me amada por você e sei que se orgulha de mim e me aceita do jeito que sou. Vai ser um avô incrível. Vejo você e a mamãe ficando mais velhos e morro de medo, porque faz um tempão que nós três temos caminhado juntos e não sei o que vou fazer quando vocês dois não estiverem mais aqui. Se a mamãe for primeiro e você ficar todo esquisito e sumir em algum lugar no Caribe, como você ameaça fazer, vou resgatá-lo. Um dia, depois do seu cochilo da tarde, você vai acordar com um *chip* implantado debaixo da pele e um bilhete dizendo: 'CUSTA me dar uma ligada de vez em quando?'."

Como você deve ter percebido, aquela parte sobre não sermos "do tipo emotivo e meloso" não é brincadeira. No entanto, seu tributo ao pai falho e de pavio curto que a educou é garantia suficiente de que se esforçar e orar e fazer o melhor possível exerceram alguma influência na pessoa que ela está se tornando.

O mesmo acontecerá com você. Claro que vai cometer erros ao educar sua filha. Talvez sua menina passe por uma fase em que pensará que você fez tudo errado. Mas se a amar, conhecer e aceitar, se lhe transmitir sua sabedoria e se o fizer de modo coerente com seu conjunto singular de virtudes e até mesmo de pontos fracos, vocês terão um relacionamento autêntico, que não desaparecerá quando ela sair de casa.

Esperamos que, de algum modo, este livro o ajude a chegar lá. Se você não guardar mais nada dele, por favor, lembre-se do seguinte: neste exato momento, você é o homem mais importante na vida de sua filha. Ela precisa daquilo que você tem de melhor. Faça isso valer.

Será suficiente.

Que Deus o abençoe,

Jim e *Nancy Rue.*

Agradecimentos

Não trabalhamos sozinhos...

Caso você seja o tipo de sujeito que lê os agradecimentos, gostaríamos de mencionar algumas pessoas que acreditaram, apoiaram e contribuíram enquanto trabalhávamos em *Manual para pais de garotas descoladas*.

Sandra Vander Zicht, da Zondervan, que entendeu nossa visão e tornou possível sua concretização.

Aliás, toda a equipe da Zondervan — Kristi Arbogast, Robin Geelhoed, Don Gates, Bob Hudson, Jane Haradine e Michelle Lenger — que nos mostrou que até em dupla é preciso de ajuda para escrever um livro (pelo menos um que seja *publicável*).

O agente Lee Hough (não do FBI nem da CIA, e sim um agente *literário*) que não apenas lidou com as questões financeiras e logísticas, mas também nos incentivou com comentários do tipo: "Jim, agora, além de todas as suas proezas, você também é autor. Quem diria, hein?".

Os pais que compartilharam suas histórias: Terry Esau, Ken Schubert, Brad Wathne, David Deal, Bruce Nuffer e Dale McElhinney. Vocês são todos pais incríveis.

As pré-adolescentes dos *blogs* de Nancy — *Tween You and Me* e *In Real Life* — autoras dos comentários tão importantes que você viu em "O que dizem as minimulheres". Elas são as verdadeiras especialistas.

Por fim, nossa filha Marijean, que foi sempre uma grande alegria e um desafio para nós e que fez de nós pessoas mais ricas e melhores do que jamais seríamos sem ela. (E, Brian, sabemos que você vai ser um papai e tanto para nossa neta, a mais nova minimulher do pedaço.)

Que Deus abençoe todos vocês.

Notas

Capítulo 1

[1] Extraído do termo inglês *between* ("estar no meio"), *tween* refere-se à fase entre a infância e a adolescência. (N. da T.).

[2] David L. Siegel; Timothy J. Coffey e Gregory Livingston. *The Great Tween Buying Machine*, p. i.

[3] Maria Halkias, "Retailers Pinning Hopes on Edgy Tween Fashions". A autora menciona dados coletados pela C&R Research e publicados no relatório Tween Spending and Influence [Gastos e influência dos pré-adolescentes] da empresa EPM Communication.

[4] Conversa em 7 de julho de 2008, em Orlando. Terry é autor de *Surprise Me: A 30-Day Faith Experiment*. (Colorado Springs: NavPress, 2005.) Embora não seja um livro sobre educação de filhos, é um texto desafiador para qualquer homem.

[5] Shanna Jayson, "So Cool! Tweens Are Emerging Generation".

[6] Idem.

[7] Jason Tripp, "Keep her Connected".

[8] Roger Entner, "Under-aged Texting: Usage and Actual Cost".

[9] Scott MacGregor, "Dad Power: Take a Stand!".

[10] Robert Beeson, "2010".

[11] Shanna Jayson, "So Cool! Tweens Are Emerging Generation".

[12] "Good Intentions: The Beliefs and Values of Teens and Tweens Today".

[13] Joe Kelly, "Dads Are More Than Walking Wallets".

[14] Jeanne e Don Elium, *Raising a Daughter*, p. 302.

[15] Idem, p. 27.

[16] "Fathers and Daughters".

[17] "For Dads of Tween and Teen Daughters".

[18] Conversa com Terry Esau.

Capítulo 2

[1] Baseado em afirmações de Joe Kelly, com algumas considerações nossas.

[2] Christine PALUMBO, "Good Sense Eating: Dad's Influence on Eating". Christine refere-se a um estudo realizado em 2008 pela revista *Journal for Speacilists in Pedriatric Nursing*.

[3] Idem.

[4] Idem.

[5] "Of Dads and Daughters: Fighting the Ride of Eating Disorders".

[6] Michael SOKOLOVE, *Warrior Girls*, p. 189.

[7] CENTER FOR DISEASE CONTROL AND PREVENTION. "National Health and Nutrition Examination Survey, 2005".

[8] *Raising a Daughter*, p. 70.

[9] Hugo SCHWYZER, "Boys, Fathers, Teasing, and Disordered Eating".

[10] "So Cool! Tweens Are Emerging Generation".

Capítulo 3

[1] Jeanne e Don ELIUM, *Raising a Daughter*, p. 70.

[2] Amy LYNCH e Linda ASHFORD, *How Can You Say That?*, p. 22.

[3] Idem.

[4] Amy LYNCH e Linda ASHFORD, *How Can You Say That?*, p. 20.

[5] Idem.

[6] Anne MOIR e David JESSEL, *Brain Sex*, p. 2.

[7] Ann KRING, "Sex Differences in Emotion: Expression, Experience, and Physiology".

[8] *Inteligência emocional.*

[9] "Tween Issue: She Wants to Shave Her Legs".

[10] Jeanne e Don ELIUM, *Raising a Daughter*, p. 21.

[11] Idem.

[12] Amy LYNCH e Linda ASHFORD, *How Can You Say That?*, p. 10-11.

[13] Susan BROWNMILLER, *Feminity*, p. 120-121.

[14] *How can You Say That?*, p. 38.

Capítulo 4

[1] Donna FISH, "Tweens and Body Image: The Real Deal".

[2] P. 327.

Capítulo 5

[1] Nos Estados Unidos, é comum universidades procurarem jovens atletas que possam jogar em seus times e ajudá-los a vencer campeonatos esportivos. Para tanto, oferecem-lhes bolsas de estudos. Treinar um filho em determinada carreira esportiva é praticamente um investimento em sua formação educacional. (N. da T.)

[2] Michael SOKOLOVE, *Warrior Girls*, p. 226.

[3] "Teaching Tweens Simplicity".

Capítulo 6

[1] Mary F. BELENKY et al., *Women's Ways of Knowing*, p. 18.

[2] Jeanne e Don ELIUM, *Raising a Daughter*, p. 76.

[3] Nancy RUE, *Manual para mães de garotas descoladas*.

[4] Michele BORBA, *Nobody Likes Me, Everybody Hates Me*, p. 96.

[5] COMMITTEE FOR CHILDREN, "Steps to Respect: Review of Research".

[6] Journal of Pediatrics, 2006.

[7] Idem.

[8] "Dealing with Mean Girls".

[9] Comédia norte-americana que retrata um grupo de *nerds* que tenta acabar com os abusos que uma turma de atletas praticam contra eles. (N. da T.)

Capítulo 7

[1] "Is Your Tween Going Out? You Better Be Joining In".

[2] "For Dads of Tween and Teen Daughters".

Referências bibliográficas

BEESON, Robert. "2010". <ishinelive.com>. *Site* inativo.

BELENKY, Mary F. et al. *Women's Ways of Knowing: The Development of Self, Voice, and Mind.* New York: Harper Collins, 1996.

BORBA, Michele. *Nobody Likes Me, Everybody Hates Me: The Top 25 Friendship Problems and How to Solve Them.* San Francisco: Jossey-Bass, 2005.

BROWNMILLER, Susan. *Feminity.* New York: Simone & Schuster, 1983.

CENTER FOR DISEASE CONTROL AND PREVENTION. "National Health and Nutrition Examination Survey, 2005". <www.cdc.gov/nchs/nhanes/nhanes2005-2006/nhanes05_06.htm>.

COMMITTEE FOR CHILDREN. "Steps to Respect: Review of Research". <www.cfchildren.org/step-to-respect/research.aspx>. Acessado em: 22 de abr. de 2013.

ELIUM, Don e ELIUM, Jeanne. *Raising a Daughter.* Berkeley: Celestial Arts, 2003.

ENTNER, Roger. "Under-aged Texting: Usage and Actual Cost". <www.nielsen.com/US/EN/NewSwire/2010/under-aged-texting-usage-and-actual-cost.html>. Acessado em: 22 de abr. de 2013.

FISH, Donna. "Tweens and Body Image: The Real Deal". <www.huffingtonpost.com/donna-fish/tweens-and-body-image-the_b_210070.html>.

GIRL SCOUTS RESEARCH INSTITUTE. "Good Intentions: The Beliefs and Values of Teens and Tweens Today". <http://www.girlscouts.org/research/pdf/good_intentions_full_report.pdf>. Acessado em: 19 de jun. de 2010.

GOLEMAN, Daniel. *Emotional Intelligence: Why It Can Matter More Than IQ.* New York: Bantam, 1995. [Publicado no Brasil sob o título *Inteligência emocional: a teoria revolucionária que redefine o que é ser inteligente.* Rio de Janeiro: Objetiva, 1997.]

Greeson, Bryan. "Is Your Tween Going Out? You Better Be Joining In". <www.fathers.com/content/index.php?option=com_content&task=view&id=175&Itemid=62>. Acessado em: 15 de jun. de 2010.

Halkias, Maria. "Retailers Pinning Hopes on Edgy Tween Fashions". *Dallas Morning News*, 10 de abr. de 2010.

Jayson, Shanna. "So Cool! Tweens Are Emerging Generation". *Today*, 4 de fev. de 2009.

Kelly, Joe. "Dads Are More Than Walking Wallets". <www.thedadman.com/dads-more-than-wallets>. Acessado em: 16 de jun. de 2010.

——— . "For Dads of Tween and Teen Daughters". <www.thedadman.com/dads-of-tween-and-teen-daughters>. Acessado em: 16 de jun. de 2010.

Kring, Ann. "Sex Differences in Emotion: Expression, Experience, and Physiology". *Journal of Personality and Social Psychology*. Vol. 74, nº 3. Março de 1998.

LeBeau, Mary D. "Dealing with Mean Girls". <parenting.kaboose.com/family-dynamics/mean-girls.html>. Acessado em: 16 de jun. de 2010.

Lynch, Amy e Ashford, Linda. *How Can You Say That?* Middleton: Pleasant, 2003.

MacGregor, Scott. "Dad Power: Take a Stand!". <www.daughters.com/article/?id=82>. Acessado em: 20 de jun. de 2010.

Moir, Anne e Jessel, David. *Brain Sex: The Real Difference between Men and Women*. New York: Delta, 1991.

Palumbo, Christine. "Good Sense Eating: Dad's Influence on Eating". <www.chicagoparent.com/magazines/chicago-parent/2010-june/columns/dad's-influence-on-eating>. Acessado em: 16 de jun. de 2010.

Plant, Paul. "Fathers and Daughters". Março de 2010. <www.todaysparent.com/tweens-teens/parenting-teens/fathers-and-daughters>. Acessado em: 22 de jun. de 2013.

Rapini, Mary J. "Of Dads and Daughters: Fighting the Ride of Eating Disorders". <www.goodtherapy.org/blog/eating-disorders-fathers-dads/>. Acessado em: 12 de jun. de 2010.

Rue, Nancy. *Girl Politics: Friends, Cliques and Really Mean Chicks*. Grand Rapids: Zondervan, 2007.

_____. *Mom's Ultimate Guide to the Tween Girl World*. Grand Rapids: Zondervan, 2010. [Publicado no Brasil sob o título *Manual para mães de garotas descoladas*. São Paulo: Mundo Cristão, 2013.]

Schwyzer, Hugo. "Boys, Fathers, Teasing, and Disordered Eating". <www.hugoschwyzer.net/2008/06/05/boys-fathers-teasing-and-disordered-eating-spite-more-often-wears-a-mans-face/>. Acessado em: 15 de jun. de 2010.

Siegel, David L.; Coffey, Timothy J. e Livingston, Gregory. *The Great Tween Buying Machine: Capturing Your Share of the Multibillion Dollar Tween Market*. Chicago: Dearborn Trade, 2004.

Sokolove, Michael. *Warrior Girls: Protecting Our Daughters Against the Injury Epidemic in Women's Sports*. New York: Simon & Schuster, 2008.

Spicer, Susan. "Fathers and Daughters". <http://www.todaysparent.com/tweens-teens/parenting-teens/fathers-and-daughters?page=0,0>. Acessado em: 16 de jun. de 2010.

"Teaching Tweens Simplicity". <www.onsimplicity.net>. *Site* inativo.

Tripp, Jason. "Keep her Connected". <solarcrash.com/2009/12/keep-her-connected/>. Acessado em: 18 de jun. de 2010.

"Tween Issue: She Wants to Shave Her Legs". <thestir.cafemom.com/big_kid/2476/tween_issue_she_wants_to>. Acessado em: 15 de jun. de 2010.

Wiseman, Rosalind. *Queen Bees and Wannabees: Helping Your Daughter Survive Cliques, Gossips, Boyfriends, and the New Realities of Girl World*. New York: Crown, 2002.

Compartilhe suas impressões de leitura escrevendo para:
opiniao-do-leitor@mundocristao.com.br
Acesse nosso *site:* www.mundocristao.com.br

Diagramação:	Luciana Di Iorio
Preparação	Daila Fanny
Revisão:	Josemar de Sousa Pinto
Fonte:	Adobe Garamond Pro
Gráfica	RR Donnelley
Papel:	Lux Cream 70g/m²
	Cartão 250 g/m² (capa)